Atlas des minorités dans le monde

ATLAS DES MINORITÉS DANS LE MONDE

Panorama des identités ethniques et culturelles

Roland Breton
Cartographie de Cyrille Suss

Éditions Autrement
Collection Atlas/Monde

Auteur
Roland Breton

Cartes et infographies
Cyrille Suss est cartographe indépendant. Il travaille régulièrement pour les Éditions Hachette et les Éditions du Chêne.
Drapeaux (p. 74-75) : Michel Bolloré-Pellé.

Maquette
Conception et réalisation : Edire

Éditions Autrement
Direction : Henry Dougier
Coordination éditoriale : Anne-Charlotte Sangam
Lecture-correction : David Mac Dougall
Fabrication : Bernadette Mercier
Communication et presse : Doris Audoux
Direction commerciale : Anne-Marie Bellard

77, rue du Faubourg-Saint-Antoine • 75011 Paris
Tél. 01 44 73 80 00 • Fax 01 44 73 00 12 • www.autrement.com

ISBN 978-2-7467-1091-7
ISSN 1272-0151
Dépôt légal : février 2008
Imprimé et broché en France par Corlet Imprimeur SA
Achevé d'imprimer en janvier 2008

Sommaire

« Les sources des citations suivies d'un astérisque se trouvent en page 79. »

Cet atlas étant consacré aux minorités de chaque pays du monde (hors Europe), il a paru utile de rendre perceptible en début d'ouvrage cette diversité humaine qui joue sur les milliers de communautés ethniques vivant dans les 200 États actuels. Aussi n'ont été retenus ici que les principaux peuples minoritaires ; c'est-à-dire les plus grands, qui ne sont à la tête d'aucun État, qui n'ont pas de territoire propre – comme les Roms – ou qui sont purement minoritaires dans un ou plusieurs pays. Aucun peuple, à la tête d'un État mais minoritaire ailleurs, n'est donc mentionné sur cette carte ; comme, par exemple, les Russes ou les Mongols qui ont leur État propre et comptent des minorités dans les États voisins. Encore, ne fallait-il porter sur cette mappemonde que les plus importants des peuples sans État car, en de nombreux pays, on compte des dizaines de peuples minoritaires qui ne pouvaient apparaître à l'échelle choisie... Ainsi, en Inde où une centaine de communautés ethno-linguistiques sont reconnues, n'ont été portées sur la carte ni la vingtaine des plus grandes, dites « constitutionnelles », sur lesquelles a été établie la structure de l'État fédéral, ni les dizaines de plus petites qui ne comptent que des dizaines de milliers de membres, mais seulement les peuples de taille moyenne. De même, en Chine, où sont listés officiellement une cinquantaine de peuples minoritaires, la carte ne souligne que la douzaine des plus grands. En Afrique noire, où la diversité peut paraître infinie, n'ont été rendus visibles que les peuples les plus importants en population. Cependant, dans des espaces plus vastes, comme en Sibérie, il a été possible de faire figurer de plus nombreuses minorités.

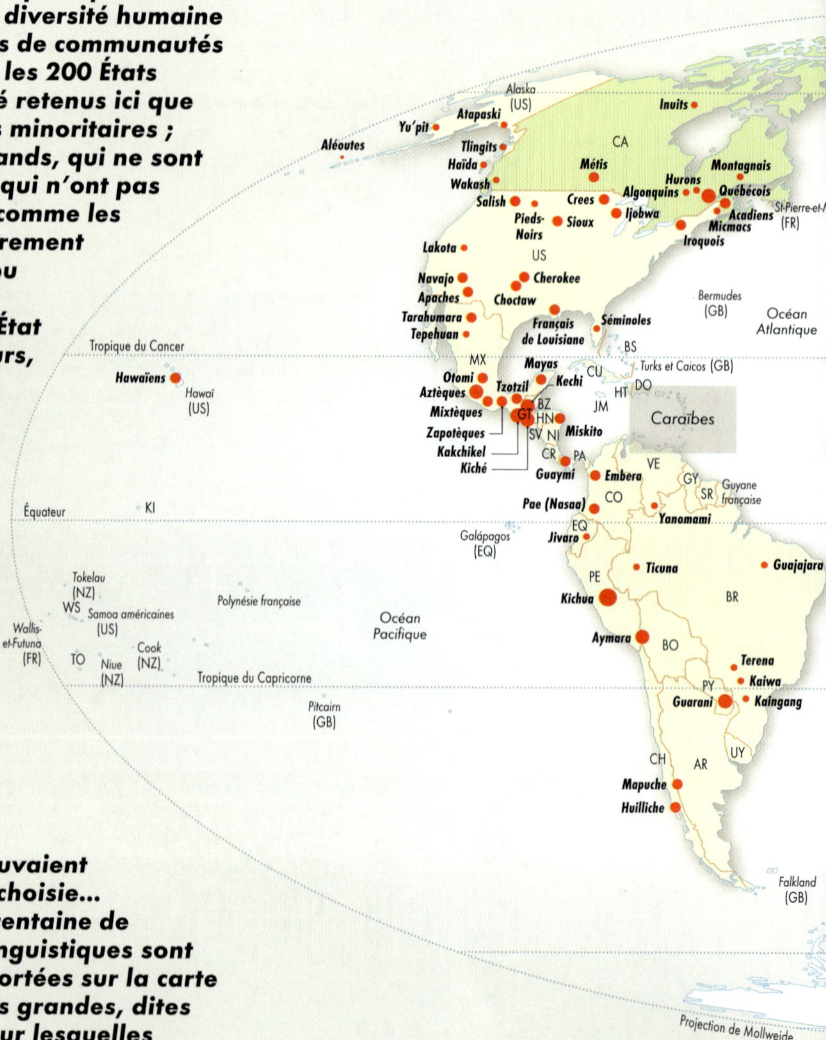

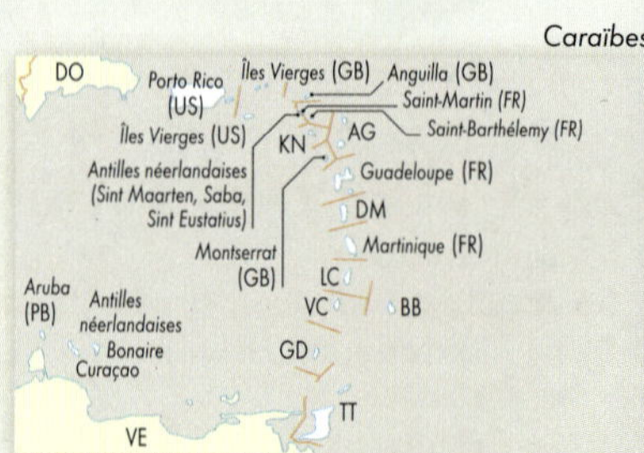

JPLES MINORITAIRES

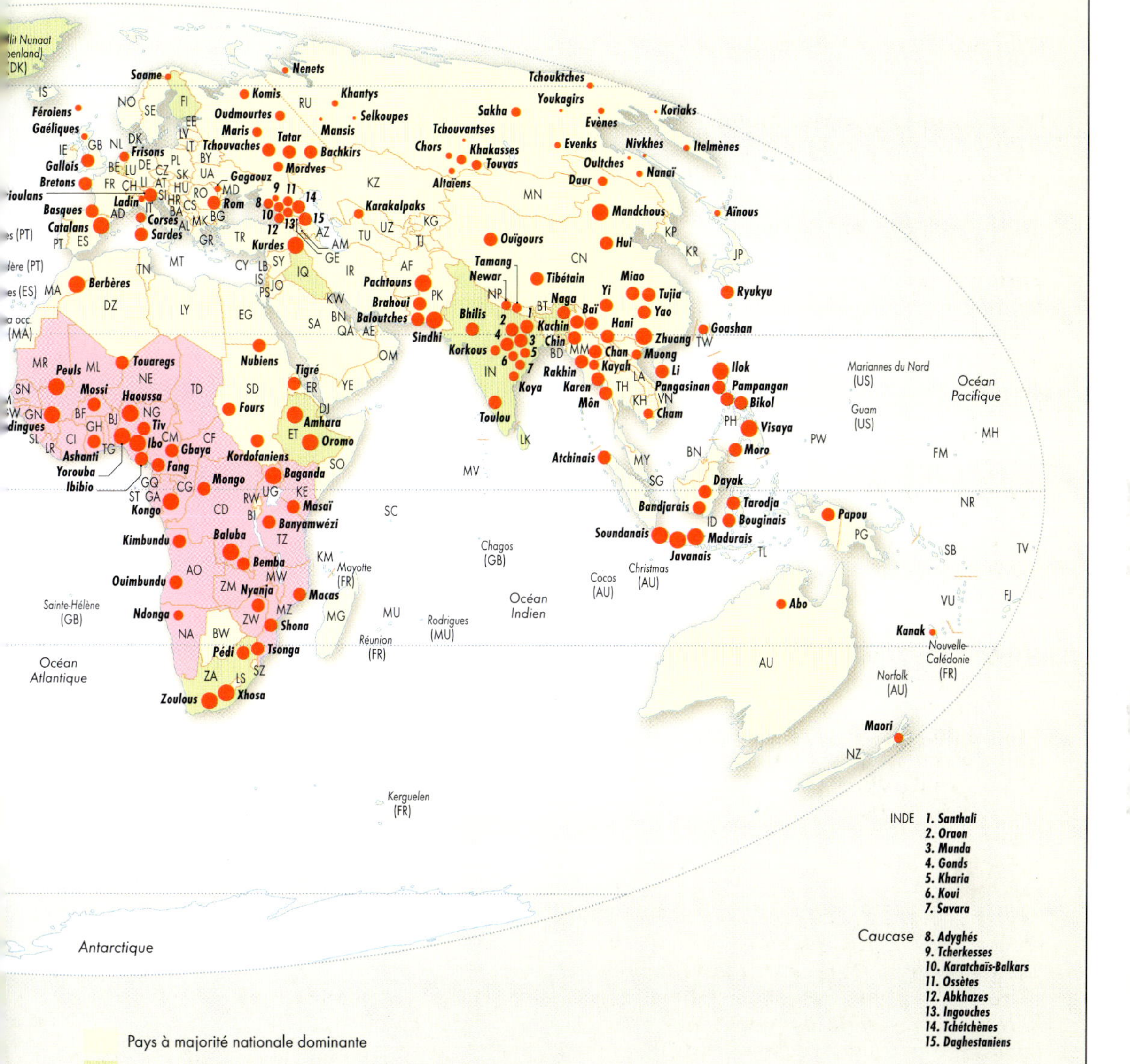

Pays à majorité nationale dominante

Pays avec reconnaissance officielle de la diversité ethnolinguistique

Pays à diversité ethnique fondamentale, mais non reconnue administrativement, et sans majorité dominante

Peuples minoritaires
(en milliers d'individus)

- plus de 10 000
- de 1 000 à 9 999
- de 100 à 999
- de 10 à 99
- moins de 10

La liste des codes ISO des noms de pays se trouve en page 79.

> *Les peuples autochtones ont le droit à l'autodétermination. En vertu de ce droit, ils déterminent librement leur statut politique et assurent librement leur développement économique, social et culturel.**

La diversité fondamentale de l'humanité

L'une des grandes richesses de l'humanité est sa diversité. Le découpage de la planète en multiples pays, habités par des peuples différents, traduit cette réalité vivante. Mais en partie seulement, car il est exceptionnel que la population entière d'un État puisse être homogène. La diversité humaine doit donc, elle aussi, être approchée État par État. Ce qui mène à distinguer, dans chaque nation, les minorités qui peuvent différer de la majorité éventuellement dominante, numériquement et socialement.

Une telle recherche porte sur tous les caractères personnalisant les groupes humains et déterminant des communautés, voire des sociétés distinctes, à l'intérieur d'un cadre politique commun. Soit par leur localisation dans un milieu particulier favorisant certains modes de vie, soit par leur origine géographique extérieure, ou encore par des traits physiques spécifiques, par des appartenances linguistiques ou religieuses ou des coutumes sociales propres. Tous caractères qui peuvent se séparer comme se conjuguer et délimiter autant de groupes, de communautés à l'intérieur d'une même société. Et qui contribuent à faire comprendre ce qui fonde l'identité de chacun, de l'individu à la nation.

Malheureusement ce phénomène profond et si général n'est pas forcément reconnu, par tous les États ou observateurs, comme une réalité à prendre en compte. Car, au cours de l'histoire, certaines idéologies nationales se sont attachées jusqu'à nos jours à nier les minorités, voire à les éradiquer, les déporter ou les anéantir. Et c'est donc dans une perspective de justice et d'égalité que cet ouvrage tente un inventaire géographique dans le cadre de chaque État du monde. Hors l'Europe, pour laquelle cette analyse a été faite dans un précédent atlas de la même collection, l'*Atlas des minorités en Europe. De l'Atlantique à l'Oural, diversité culturelle*, dirigé par Yves Plasseraud.

Si de tels travaux de recherche ont bien pour but de mieux faire connaître notre humanité, ils ne visent pas, pour autant, à fragmenter la structure nationale du monde actuel. Tous les peuples, toutes les ethnies ne peuvent pas avoir leur propre État sur une planète où l'intégration supranationale, régionale et continentale des deux cents États actuels est à l'ordre du jour. Mais, en revanche, l'étude des minorités vise bien à voir comment des structures infranationales à différents niveaux pourraient aider à sauvegarder, valoriser et promouvoir tous les groupes humains, quelle que soit leur taille.

Perspective qui est, en particulier, celle de l'Union européenne dont la devise « Unie dans la diversité » a déjà été adoptée par l'Inde depuis un demi-siècle : « *Unity in Diversity* ». Et qui peut convenir aussi bien aux nations décidant de s'unir entre elles qu'à l'aménagement intérieur de chaque nation tenant compte de ses minorités. C'est ce qu'on peut espérer d'un XXIe siècle où l'humanité vivra enfin en paix dans la reconnaissance de sa multiplicité profonde.

ROLAND J.-L. BRETON

LA TRAME GÉOPOLITIQUE MONDIALE

À l'aube du XXIe siècle, un peu moins de deux cents États souverains se partagent la planète et en dessinent la trame géopolitique. Ce découpage, en perpétuelle évolution, ne peut refléter toutes les communautés sociétales vivantes, dont la plupart restent minoritaires. Aussi un meilleur équilibre entre majorités et minorités a toujours été recherché. Si cet équilibre a été malmené pendant des siècles à cause des guerres, des modes pluralistes de cohabitation et d'intégration sont aujourd'hui préconisés (comme en Europe), respectant le tracé, toujours discutable, des frontières héritées du passé, mais évitant de nouveaux conflits.

LES ÉTATS SOUVERAINS

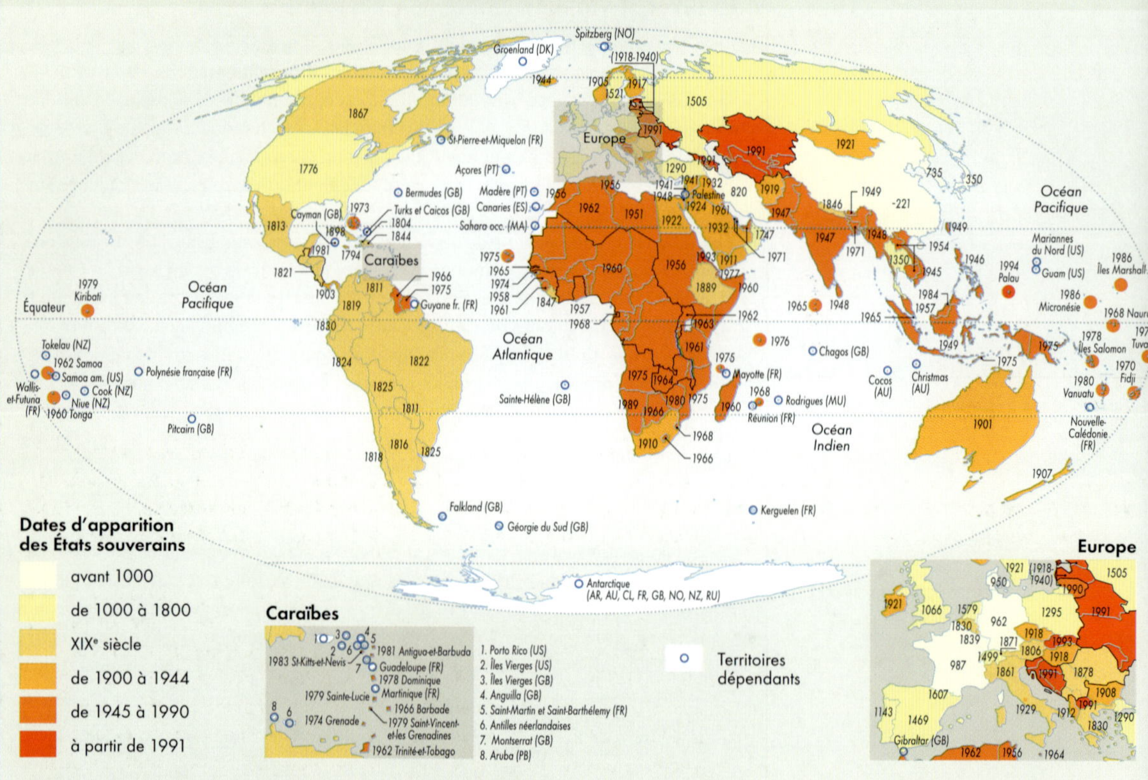

Que représente la trame des États souverains ?

Les deux cents États souverains qui, au début du XXIe siècle, divisent la planète constituent le premier cadre pour une approche de l'humanité, à travers les angles statistique, administratif, politique, humain, culturel, historique... La date de l'apparition de chaque État au cours des siècles témoigne des évolutions de la conjoncture historique des différents régions et continents. D'abord sont venus les États antérieurs à l'an mil, puis ceux apparus jusqu'au XVIIIe siècle et ceux nés au XIXe siècle de la décolonisation ou du déclin de l'Empire ottoman. Au XXe siècle, on compte ceux nés avant la Seconde Guerre mondiale, puis, de 1945 à 1990, ceux issus de la plus grande vague de décolonisation et, à partir de 1991, ceux dus à l'éclatement de l'empire soviétique et de ses satellites. L'existence de chaque État national exprime aussi, pour la plupart, la présence préalable d'une communauté humaine, plus ou moins unifiée et consciente de sa culture commune, peuple ou nation, ayant lutté pour sa constitution.

Le rapport entre le cadre géopolitique, nettement délimité, de toutes ces unités dénommées États-nations, et la réalité des communautés et identités ethniques profondes, beaucoup plus complexe, est rarement considéré. Pourtant les minorités doivent figurer, face aux majorités nationales, dans tout tableau de l'humanité vivante.

LA TRAME INFRANATIONALE DES MINORITÉS

Minorités

- Absence de minorités autochtones
- Minorités plus ou moins reconnues
- Minorités non reconnues

Conflits minoritaires

- ★ aigus
- ★ en voie de règlement

Aires minoritaires

Reconnaissance ou négation?

Si tous les États souverains sont, de nos jours, qualifiés d'États-nations, seuls certains d'entre eux ont été constitués autour d'une nation préexistante, c'est-à-dire d'une communauté ethnolinguistique individualisée ayant provoqué l'apparition de cet État. Venait ensuite le choix d'inclure, ou non, les minorités intérieures ou marginales.

Aujourd'hui, on peut distinguer trois types d'État, suivant la place qu'y occupent les minorités. Un petit nombre d'États ont une homogénéité ethnique permettant de dire qu'ils n'ont pas de minorités, comme le Japon. La plupart, ayant une certaine diversité, reconnaissent leurs minorités et leur aménagent une place spécifique pouvant aller jusqu'à la délimitation de territoires plus ou moins autonomes, comme l'Inde. Mais, ailleurs, les minorités n'ont ni reconnaissance ni place dans la structure politique. Soit parce que la majorité dominante y est seule reconnue (en Iran, par exemple). Soit parce qu'aucune n'est ni n'a jamais été historiquement majoritaire et que le processus d'unité nationale a été engagé, après l'indépendance, par-dessus un complexe d'ethnies toutes plus ou moins minoritaires dans un cadre territorial préétabli, comme c'est le cas dans la plupart des États d'Afrique.

Aussi peut-on se réjouir qu'à côté des rares États sans minorité réelle, les États admettent pour la plupart leurs minorités. Mais certains, refusant la diversité de leur population, se sont engouffrés dans des conflits qui, parfois, se sont réglés, ou sont en voie pacifique de règlement, comme en Indonésie, au Sud-Soudan, etc. Cependant, ailleurs, des guérillas peuvent perdurer pendant des années, voire des décennies, par exemple aux Philippines, en Thaïlande, au Sri Lanka, au Darfour ou au Sahara occidental.

« *Une minorité est sans pouvoir tant qu'elle se conforme à la majorité ; elle n'est alors même pas une minorité ; mais elle est irrésistible quand elle fait obstruction de tout son poids.* »
H. Thoreau (1817-1862).

COLONISATION ET DÉCOLONISATION

La colonisation et la décolonisation sont des phénomènes mondiaux qui, au cours des cinq derniers siècles, ont marqué profondément la trame géopolitique planétaire. Les impérialismes ont entraîné, au départ, des changements importants dans la population des territoires occupés avec l'implantation massive, d'abord aux Amériques et dans les îles, de colons européens et d'esclaves africains, générant de nombreux métissages. Ensuite, pendant deux siècles, le système colonial a entraîné à travers le monde toute une série de conflits, de révoltes et de guerres qui ont mené à l'apparition de nouveaux États et à de nouvelles prises de conscience nationale.

EXTENSION HISTORIQUE DES EMPIRES COLONIAUX

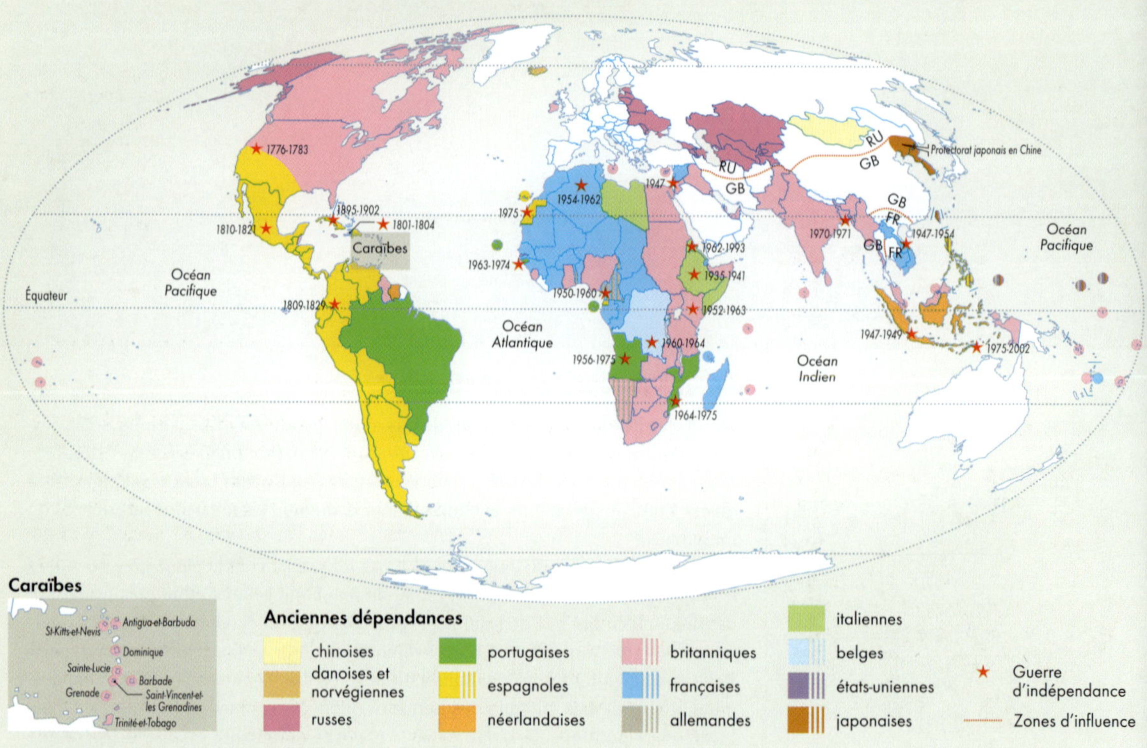

Frontières et zones d'influence

La colonisation, succédant à la découverte du monde par les Européens, a amené ceux-ci à contrôler de nouveaux territoires sur les autres continents, d'abord des comptoirs commerciaux et des places fortes, puis des terres de plantations et, enfin, des espaces de peuplement. La douzaine de pays maritimes d'Europe (Portugal, Espagne, Pays-Bas, Angleterre, France ; Danemark, Suède, Norvège, accessoirement ; Russie, Allemagne, Belgique et Italie, tardivement) forma les premières puissances coloniales. Hors d'Europe, s'illustrèrent les États-Unis et le Japon.

À partir d'un réseau de comptoirs côtiers et d'îles jalonnant les grandes routes maritimes, émanèrent ces empires coloniaux qui se partagèrent les Amériques, l'Afrique, l'Océanie et la plus grande partie de l'Asie, à l'exception de moins de dix États, mais dont ils s'étaient déjà réparti les territoires (Iran, Afghanistan, Chine, Thaïlande) en les divisant en zones d'influences. Les guerres d'indépendance américaines et les défaites aux guerres mondiales réduisirent ou firent disparaître certains de ces empires. Enfin, à partir de 1945, la décolonisation élimina pratiquement toutes les formes de domination territoriale outre-mer. Avec, après 1989, la récession des dominations territoriales soviétique, yougoslave et tchécoslovaque.

LES POUSSIÈRES D'EMPIRES, DERNIÈRES DÉPENDANCES D'OUTRE-MER

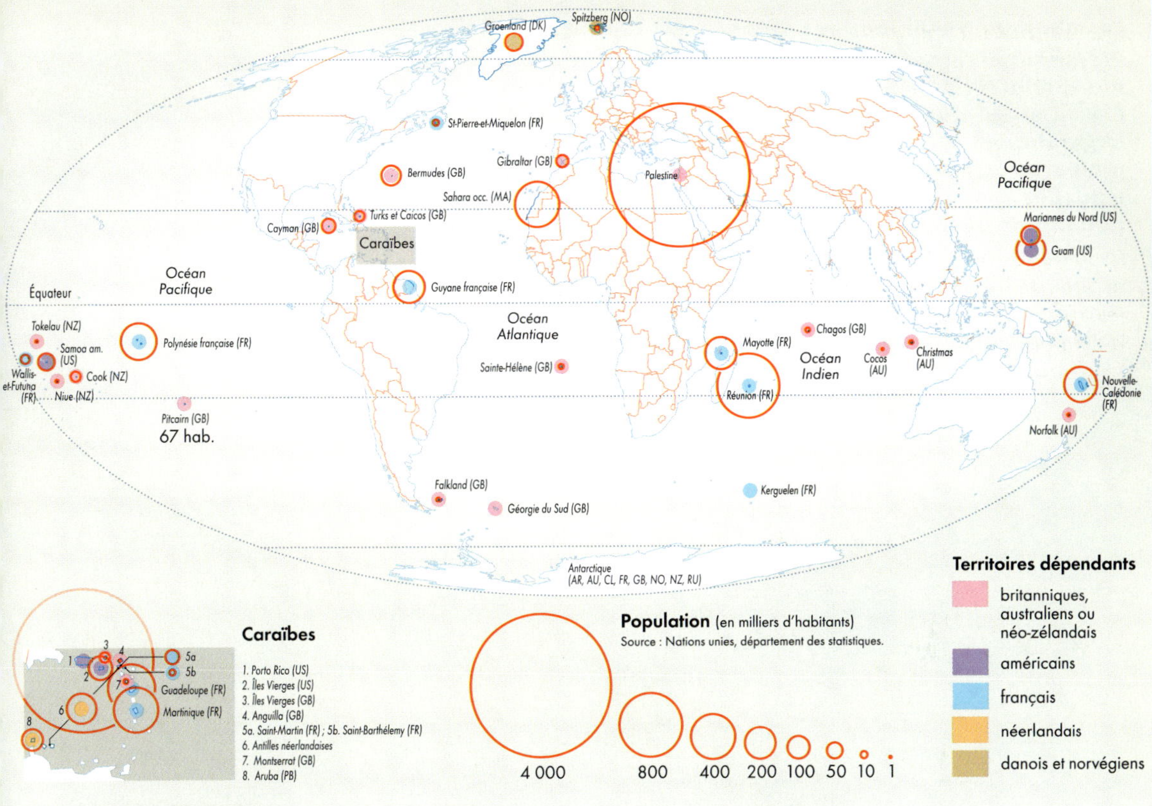

> **“ *Tu es entre les mains de l'étranger. Les titres réservés aux indigènes sont ceux de boys, de coolies, d'interprètes, de troupiers perpétuels. Cependant, les impôts augmentent tous les jours. Ô, pays d'Annam, que tu es à plaindre !* ”**
>
> PHAN BOI CHAU.*

De ce mouvement biséculaire, accéléré à la fin du XXe siècle, sont nés une centaine d'États nouveaux, correspondant parfois à des communautés nationales conscientes d'une longue existence. Mais la majorité ne reflétait qu'un découpage colonial arbitraire, à partir duquel se créèrent les nouvelles nations. Elles gardèrent, pour la plupart, la langue de l'ancienne puissance coloniale, sa culture, sa tradition administrative et des liens particuliers.

Les minorités d'outre-mer au XXIe siècle

Une trentaine de territoires d'outre-mer sont encore administrés par des États souverains plus ou moins éloignés d'eux. Ces territoires dépendants, ayant échappé au mouvement planétaire de la décolonisation, ont pu obtenir des degrés variables d'autonomie, mais sont tous fondamentalement minoritaires dans un État indépendant extérieur. Héritiers du système colonial, soit à cause de leur exiguïté, soit du fait de la similitude entre leur population et celle de la métropole, ils parsèment les océans et sont souvent désignés comme les poussières d'empires.

La plupart sont très peu peuplés. La grande majorité d'entre eux a moins de 100 000 habitants et une douzaine, entre cent mille et un million. Mais deux d'entre eux en comptent près de quatre millions : Porto Rico, « État librement associé » aux États-Unis, et la Palestine, dernier des territoires autrefois sous tutelle de l'ONU qui n'est toujours pas un État indépendant. À part la Palestine, qui attend l'accord fixant définitivement ses frontières et son statut, le seul autre territoire anciennement dépendant dont le cas est resté conflictuel est le Sahara occidental. Ex-colonie espagnole, il est occupé en majorité par le Maroc, contrairement à ce que préconisent l'Union africaine et l'ONU, qui soutiennent le référendum sur l'indépendance réclamé par le Front Polisario.

Chacun de ces territoires d'outre-mer peut devenir, un jour ou l'autre, un nouvel État. Certains l'ont refusé comme les Bermudes, en 1995, à 75 %. Le plus grand de ces territoires est le Groenland, officiellement « Kalaallit Nunaat », où les Inuits sont 87 % des 57 000 habitants et qui pourrait être le treizième pays du monde avec ses 2 166 000 km², soit plus du double de la France. Le deuxième est le Sahara occidental avec 266 000 km², suivi de la Guyane française et du Svalbard, ex-Spitzberg. Mais les autres, n'ayant que quelques milliers ou centaines de kilomètres carrés, ne seraient que des micro-États de plus. Comme par ailleurs Porto Rico (9 000 km²) ou la Palestine (6 000 km²) face à Israël (21 000 km²).

LES MINORITÉS LINGUISTIQUES

Les quelque 6 000 langues vivantes de l'humanité actuelle sont le principal signe d'identification des sociétés et communautés traditionnelles, donc des minorités. Mais l'inégalité démographique des communautés linguistiques est considérable : une douzaine de langues majeures regroupent plus de la moitié de l'humanité actuelle, et seule une centaine de langues, officiellement nationales, sont enseignées par les États. Tandis que les milliers d'autres sont forcément minoritaires et que la plupart, parlées par seulement quelques centaines, milliers ou dizaines de milliers de locuteurs, sont menacées de disparaître d'ici à la fin du XXIe siècle.

LES LANGUES OFFICIELLES DES ÉTATS

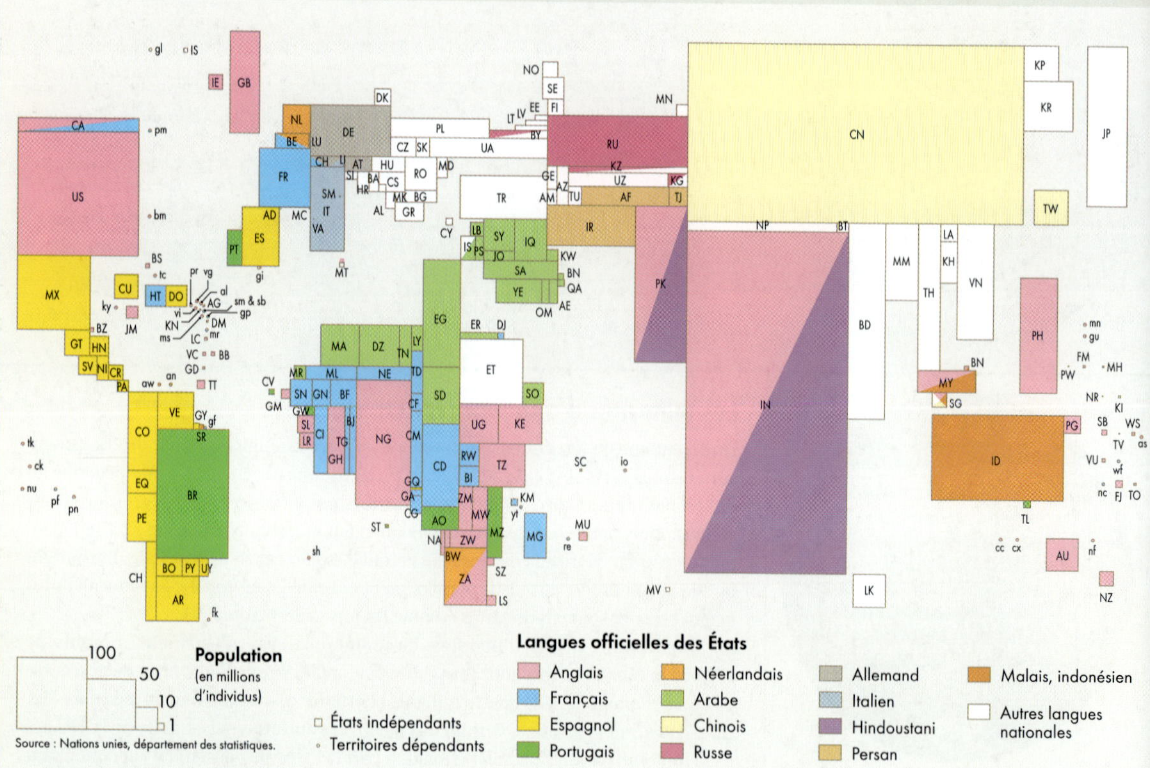

La parenté des langues

Les langues de l'humanité appartiennent à toute une série d'ensembles classifiés en macrofamilles, familles, branches, groupes, sous-groupes, etc. Ensembles disséminés à travers le monde depuis la préhistoire, par des mouvements migratoires massifs de populations, et parfois aussi par de simples rayonnements culturels. De ce fait, elles peuvent de nos jours s'étendre sur de grands espaces continus ou bien ne survivre qu'en îlots séparés. La carte montre l'extension de ces familles se partageant les continents avant l'ère coloniale.

Issues d'une langue mère, telles les langues romanes du latin, les langues sœurs ont des liens d'origine et d'intercompréhension évidents. De même, pour les linguistes, les langues romanes sont apparentées aux langues germaniques, celtes, slaves, indo-aryennes et autres, toutes issues d'un indo-européen qu'ils parviennent à reconstituer. Ensuite, entre les familles indo-européenne, ouralo-altaïque, euro-asiatique et autres, géographiquement et historiquement proches, on trouve aussi des gammes d'analogies et de différences. Mais en observant la préhistoire supposée et l'ensemble de la planète, il est très délicat de désigner une origine commune à l'ensemble des parlers que l'on a découverts. Babel reste un mythe sur lequel l'analyse linguistique a beaucoup à dire.

LES FAMILLES DE LANGUES

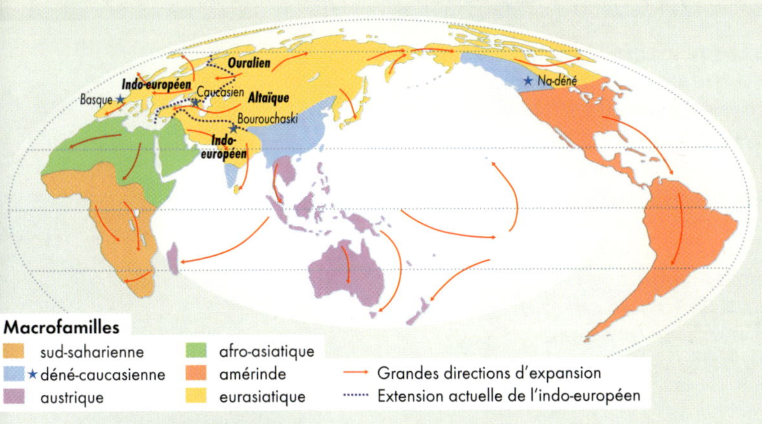

Langues officielles et langues minoritaires

Le statut des langues à l'intérieur des États est capital pour leur diffusion, leur développement, leur avenir. Chaque État a au moins une langue officielle et très rares sont ceux qui en ont plusieurs au niveau national, ou ceux qui utilisent certaines autres à un niveau régional. Parmi les langues officielles nationales, viennent en tête celles qui ont un poids démographique exceptionnel dans leur espace originel continu, comme le chinois. Mais d'autres, comme l'anglais, ont bénéficié de l'expansion coloniale et ont acquis des positions internationales et intercontinentales. Ensuite, viennent certaines langues ayant une diffusion sur plusieurs États proches, comme l'allemand. Et, enfin, arrivent les langues n'appartenant qu'à une nation.

De rares pays monolingues. Au total, ces langues sont moins d'une centaine sur les milliers de langues autochtones encore parlées dont le nombre varie beaucoup d'un pays à l'autre. Les inventaires nationaux exhaustifs de cette situation et, à plus forte raison, les bilans planétaires sont extrêmement rares. Cependant, on peut dire que les pays réellement monolingues – c'est-à-dire sans minorité linguistique – sont tout à fait exceptionnels, que les pays ayant moins de dix langues parlées ne sont qu'une cinquantaine tandis que ceux ayant entre dix et cinquante langues sont un peu plus nombreux. Une vingtaine en ont entre cinquante et cent, et une dizaine entre cent et deux cents. Une autre dizaine de pays en parlent plus de deux cents. Ce qui amène à dire que les langues minoritaires sont bien des milliers.

> ***La langue n'est un critère déterminant que si les intéressés le reconnaissent comme tel.***
> **Paul Garde, *Vie et mort de la Yougoslavie*, 1992.**

NOMBRE DES LANGUES AUTOCHTONES PAR ÉTAT

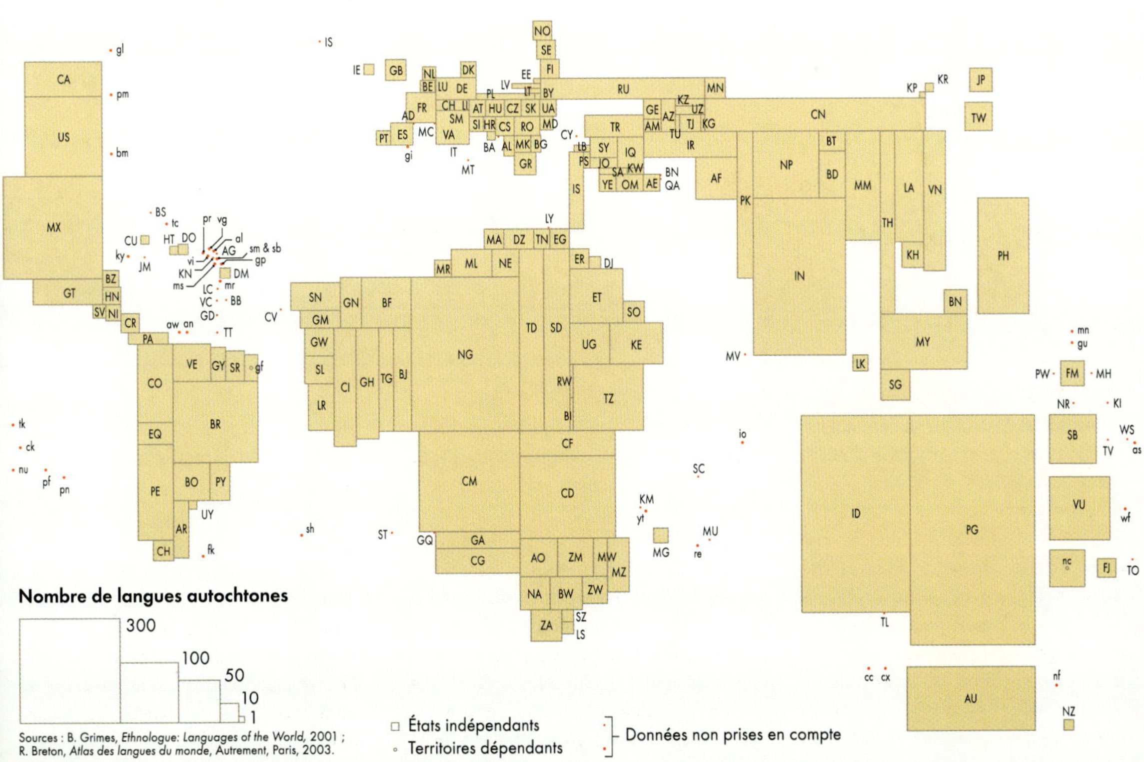

Sources : B. Grimes, *Ethnologue: Languages of the World*, 2001 ; R. Breton, *Atlas des langues du monde*, Autrement, Paris, 2003.

LES MINORITÉS RELIGIEUSES

La religion est, avec la langue, le principal critère culturel d'identification des groupes humains, majoritaires ou minoritaires. Les religions ayant marqué l'histoire sont aisées à définir et à suivre dans leurs expansions et cohabitations. Mais la délimitation des communautés humaines de telle ou telle religion, dans chaque pays, est délicate à opérer, du fait du peu de décomptes et d'analyse des répartitions. Aussi doit-on se contenter d'examiner quelques exemples particulièrement significatifs de ces cohabitations. Enfin, sur le plan planétaire, il est intéressant d'évaluer le passé comme le possible avenir de la diffusion des croyances.

LA DIFFUSION DES GRANDES RELIGIONS

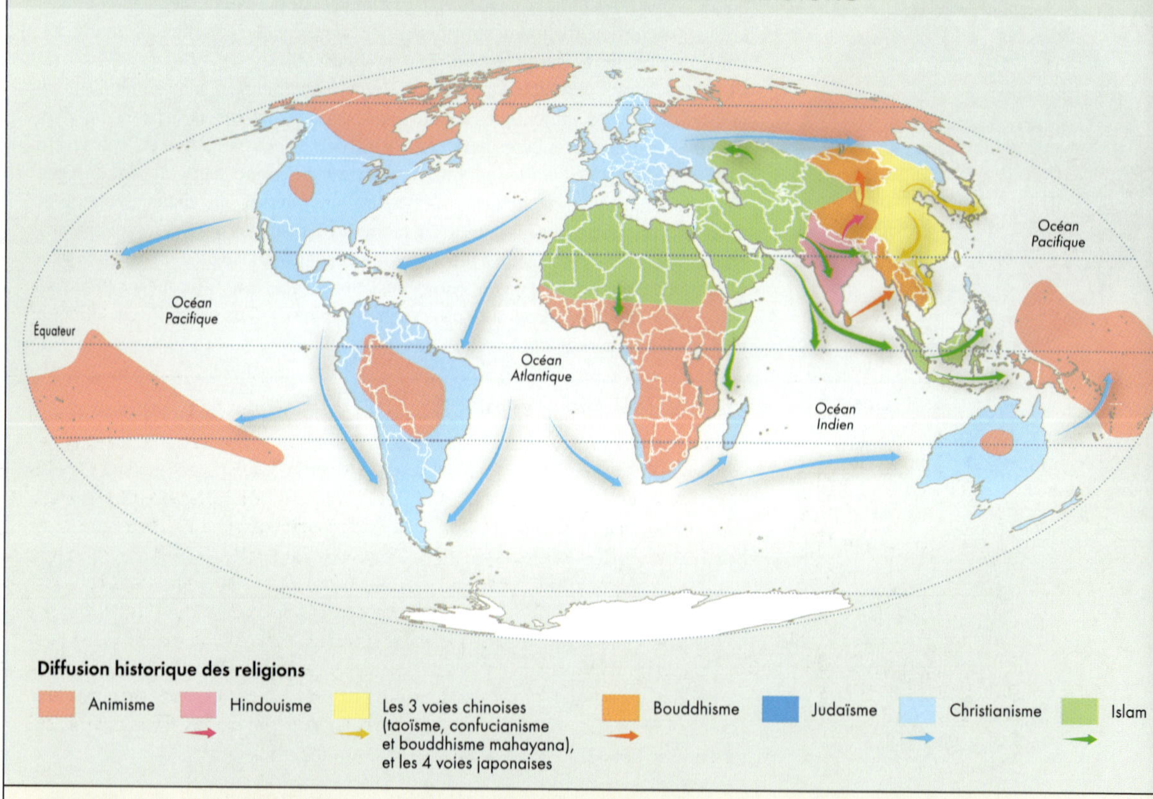

Majorités et minorités religieuses dans le temps et l'espace

La diffusion historique et spatiale des religions se concentre autour d'une dizaine de traditions principales. Ce sont d'abord l'animisme, le polythéisme hindou et le bouddhisme diffusé sous trois formes : le petit véhicule (*hinayana* ou *theravada*) dans le Sud-Est asiatique, le lamaïsme au Tibet et en Mongolie, et le grand véhicule (*mahayana*) en Chine, où il est, avec le taoïsme et le confucianisme, l'une des « trois voies ». Il en est de même au Japon où s'ajoute le shintoïsme. Enfin, les trois religions monothéistes – judaïsme, christianisme et islam – se sont, à partir du Moyen-Orient, différemment répandues à travers les continents.

Ces diffusions planétaires historiques ont entraîné des types variés de cohabitation. En Asie, la multiplicité est traditionnelle, selon les trois ou quatre « voies » extrême-orientales. De même, en Inde, cohabitent un hindouisme déjà multiforme, plus ses émanations bouddhique, jaïne et sikhe, les prosélytismes chrétien et musulman et le zoroastrisme.

En Europe où furent inventés le monopole de la religion d'État, le bûcher pour les infidèles et les guerres de religion, on est arrivé, non sans mal – jusqu'à l'explosion de la Yougoslavie – à admettre la diversité. Au Moyen-Orient, où l'expansion de l'islam avec le *djihad* a toujours toléré, moyennant impôt, les communautés, dites *millet*,

EXEMPLES DE MAJORITÉS ET MINORITÉS RELIGIEUSES PAR PAYS

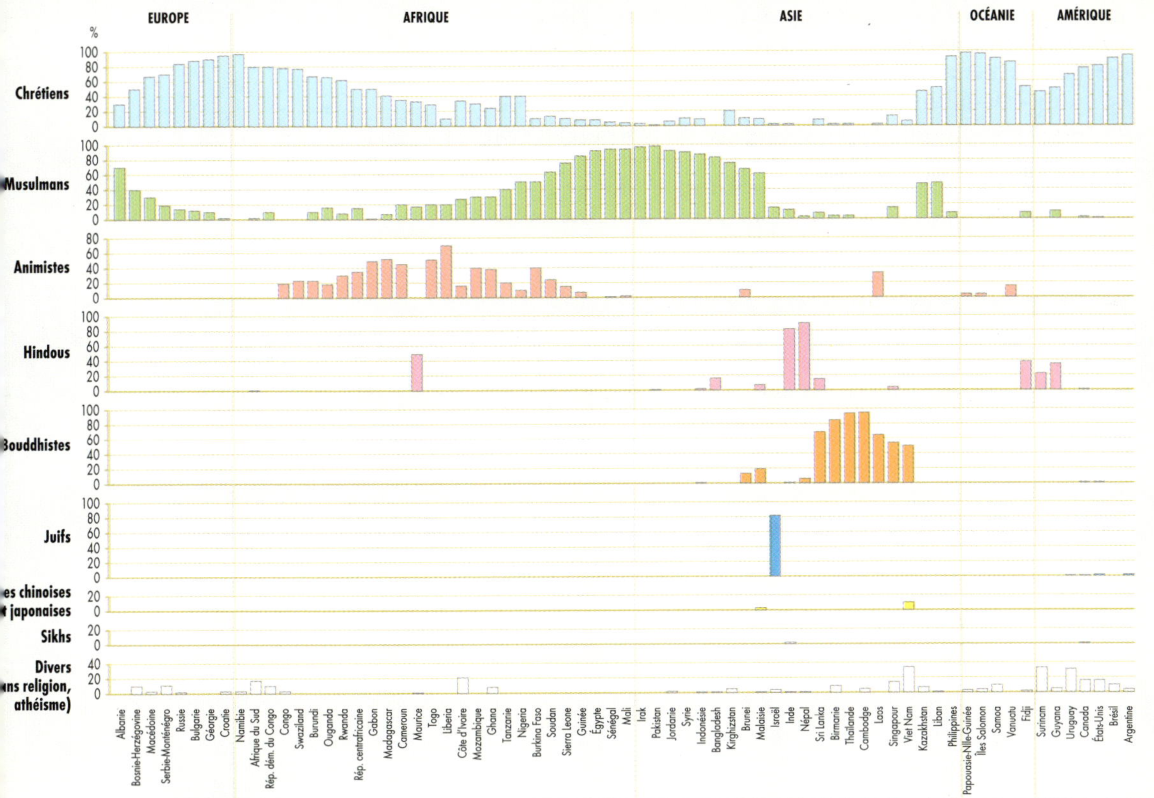

“ *Toutes les religions méritent respect pour une raison ou une autre. Le respect pour la religion d'une autre personne améliore notre foi et en même temps honore la religion de l'autre.*

ASHOKA, PREMIER EMPEREUR INDIEN, IIIᵉ S. AVANT NOTRE ÈRE.* ”

Croyances et incroyances en perpétuelle évolution

On a pu observer au XXᵉ siècle, dans l'ensemble de la population mondiale, l'effondrement des religions chinoises (taoïsme et confucianisme ont chuté de 23,5 à 2,5 %), la poursuite de la disparition de l'animisme (de 6,6 à 1,6 %) et le déclin relatif du christianisme (de 34,4 à 32,3 %) et du bouddhisme (de 7,8 à 5,7 %). Ceci faisant place à l'expansion démographique de l'islam (passant de 12,4 à 19,2 %, soit plus de 50 % d'augmentation) et des religions diverses (de 2 à 3 %) mais, surtout, à l'affirmation de l'incroyance (17,1 %) et de l'athéisme (4,2 %) revendiqués par 21,3 % de l'humanité. Et l'on prévoit, dans le premier quart du XXIᵉ siècle, que les chrétiens, passant du tiers au quart de l'humanité, soient dépassés par les musulmans évoluant de moins d'un cinquième à près du tiers. Ils représenteraient ainsi, avec les chrétiens, 55 % de l'humanité. Ils laisseraient vraisemblablement place à environ 2 % d'hindous, bouddhistes, etc., et à 25 % d'incroyants et d'athées.

des autres « gens du Livre » (chrétiens et juifs) et où convergèrent les croisades, la diversité n'a cessé d'être de mise. En Afrique, résiste encore, face aux religions expansives et missionnaires modernes, l'animisme plurimillénaire et multiple qui subsiste aussi en Océanie, aux Amériques et dans les régions arctiques. C'est peut-être en Amérique que l'on mesure le plus attentivement l'existence de minorités variées de croyants et aussi d'incroyants.

LE PARTAGE ACTUEL ET PROSPECTIF DE L'HUMANITÉ SELON LES CROYANCES

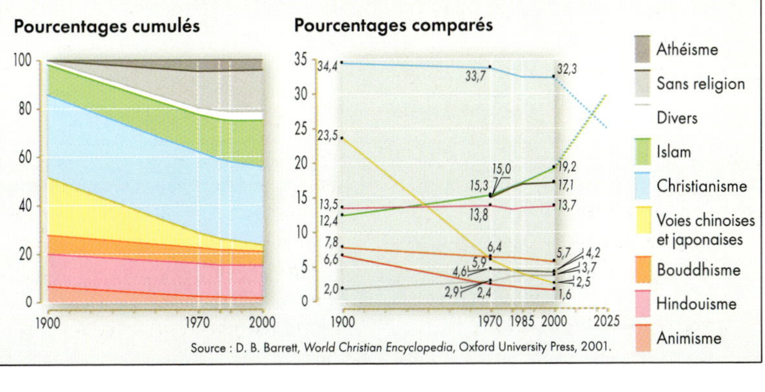

Source : D. B. Barrett, *World Christian Encyclopedia*, Oxford University Press, 2001.

LES MINORITÉS RACIALES

Des communautés humaines peuvent devenir des minorités non seulement en fonction des pratiques langagières ou religieuses qui les distinguent de celles qui sont majoritaires, mais aussi à partir de leur type physique témoignant d'une origine ancestrale autochtone ou immigrante. Ces différences peuvent rester la source de préjugés frappant les descendants d'anciens « indigènes », esclaves, etc. De nos jours, la juxtaposition de populations d'origines continentales diverses – européenne, africaine, amérindienne, indienne ou chinoise –, pures ou mêlées, est encore dans certains pays un facteur d'identification, sinon de discrimination.

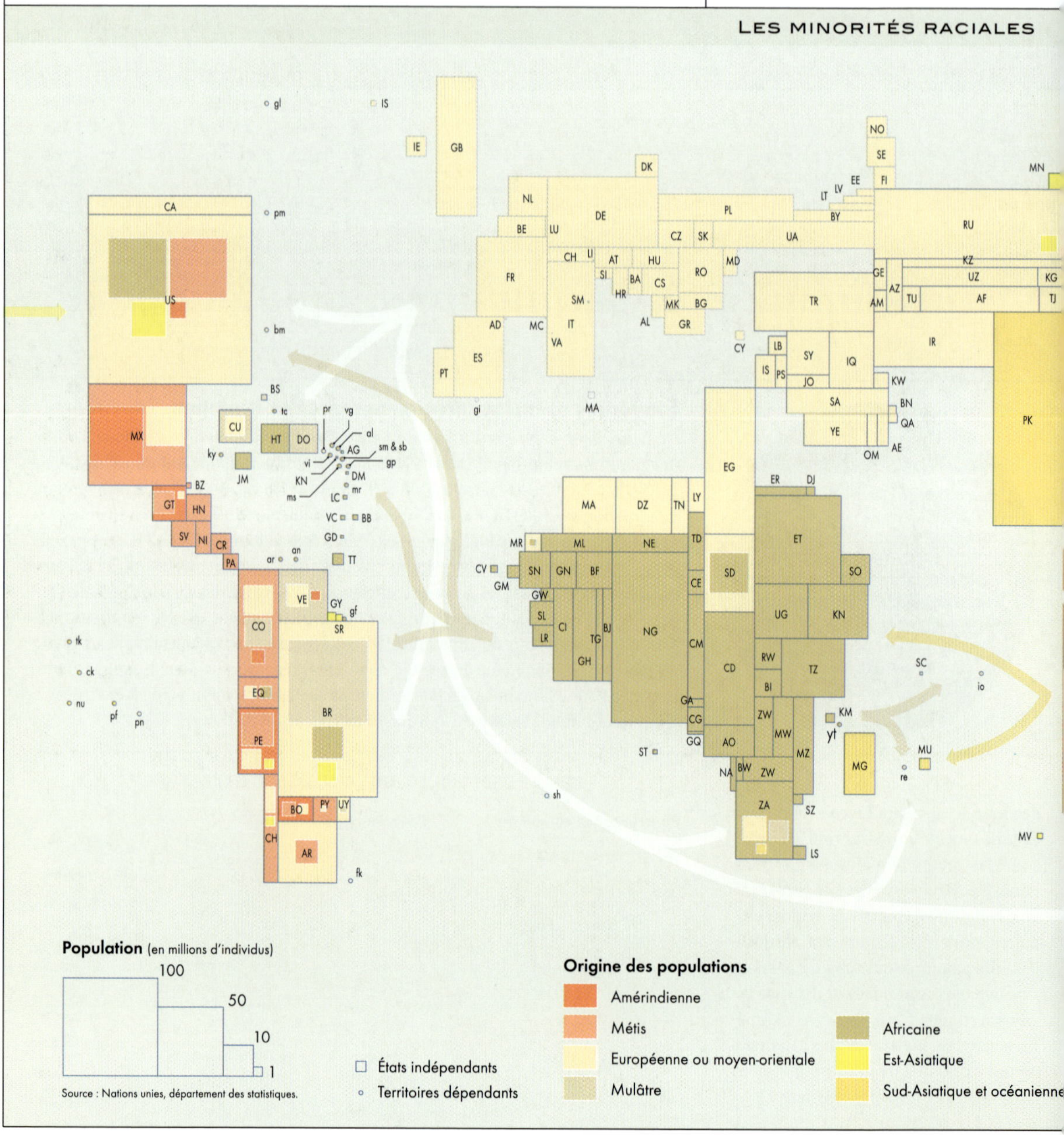

> « *Chacun peut se prévaloir de tous les droits et de toutes les libertés proclamés dans la présente Déclaration, sans distinction aucune, notamment de race, de couleur, de sexe, de langue, de religion, [...] d'origine nationale ou sociale [...].** »

Quelle trame dessinent les mouvements intercontinentaux incessants ?

L'époque coloniale a, pour la première fois, entraîné des migrations intercontinentales massives menant à la juxtaposition et au mélange de populations les plus diverses : colons et migrants européens s'établissant volontairement un peu partout, avec des esclaves africains, et, plus tard, des travailleurs asiatiques. Tous ces éléments constituent maintenant, en proportions diverses et de façon plus ou moins visible, la population de certains pays neufs, où chaque groupe occupe une place sociale correspondant tant à la puissance économique qu'au prestige historique de son ascendance, manifestée par le type physique provenant d'un continent donné.

Depuis la fin de la colonisation, les mouvements intercontinentaux de population ne se sont pas arrêtés mais ont bel et bien continué à modifier les équilibres du passé en renforçant de nombreuses minorités, dont certaines particulièrement visibles par l'apparence physique de leurs membres. Ces mouvements sont essentiellement dus aux différences démographiques entre les pays du Nord et ceux du Sud.

Le Nord industrialisé est parvenu à une certaine stabilité démographique et certains peuples, comme les Allemands, les Russes et les Japonais, sont maintenant menacés de déclin. Tandis que le Sud sous-développé a un très important surcroît de population et de main-d'œuvre disponible qui cherche à gagner les régions à plus haut niveau de vie comme l'Amérique du Nord, l'Europe et le Japon, ou présentant un exceptionnel marché de l'emploi, comme les pays pétroliers du Golfe.

Ce mouvement accroît en permanence la place des minorités hispaniques et asiatiques aux États-Unis, africaines et moyen-orientales en Europe, philippine au Japon, chinoise en Russie, etc. De même dans le Golfe où, en Arabie saoudite, les immigrants temporaires égyptiens et sud-asiatiques sont déjà aussi nombreux que les autochtones dans la population active et nettement plus dans les petits États côtiers.

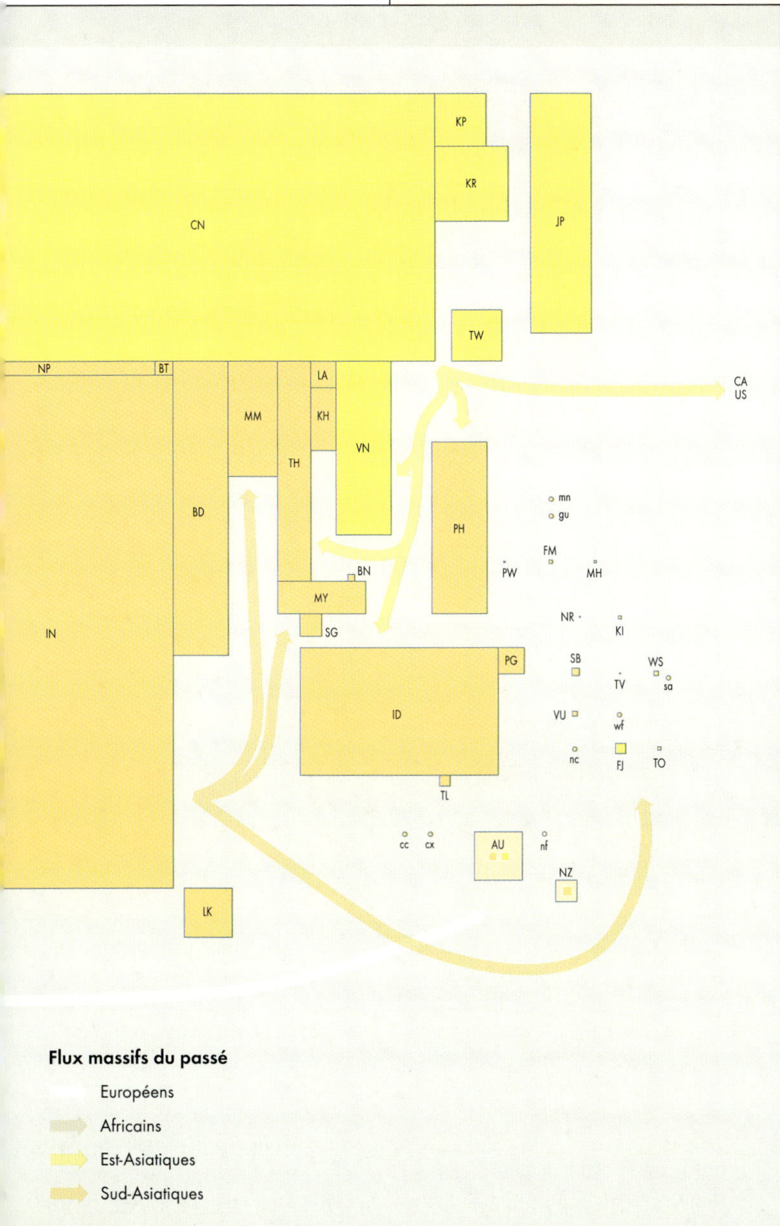

La Sibérie

La partie asiatique de la Fédération de Russie, ou Sibérie, contient, de l'Oural au Pacifique, de nombreuses minorités autochtones dénombrées à chaque recensement, dont les membres constituent des « nationalités » reconnues qui ont, pour les plus grandes, en général, droit à un territoire autonome. On a ainsi en Sibérie cinq républiques, une région autonome et sept districts nationaux. Mais cette trentaine d'ethnies, relevant de cinq familles linguistiques distinctes de l'indo-européenne, ne cumulent que 1,8 million d'habitants, soit 4,2 % d'une population de 44 millions à côté de 37,7 millions de Russes (83 %) et 5,8 millions de migrants divers.

LE PEUPLEMENT DES RUSSES PAR PAYS

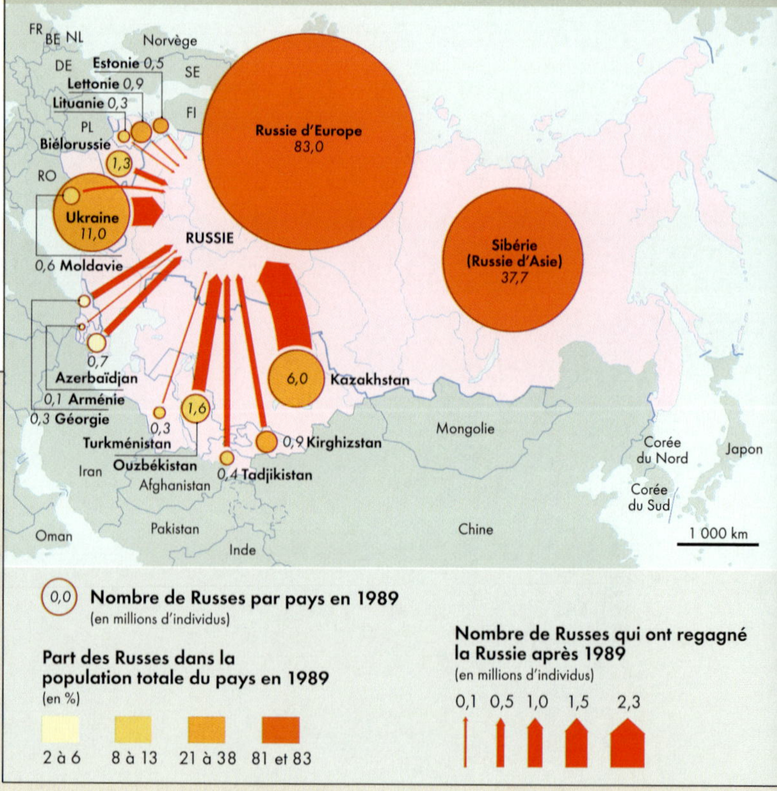

Des minorités autochtones nombreuses mais infimes

Une multitude de peuples... Les autochtones de Sibérie ont été, au cours des cinq derniers siècles, réduits, par l'immigration russe vers l'est, à se cantonner dans les espaces les moins accessibles. Au nord-ouest on trouve 60 000 personnes de la famille ouralienne, appelée finno-ougrienne en Europe : les Khantys, ex-Ostyaks, les Mansis, ex-Vogoules, et les Samoyèdes (composés des Nenets, des Enets, des Nganasans et des Selkoupes). Vers le sud, on découvre 1,3 million de la famille altaïque : un demi-million de Tatars ayant servi de relais commerciaux sur les routes de la Russie d'Europe qu'ils avaient dominée du XIIIe au XVIe siècle, ainsi que les Altaïens ou Oïrates, Khakasses, Touva, Chors, Tofalars, Tchouvantses, et surtout les Sakha, le plus nordique des peuples turcs avec les Dolganes.

Les membres des peuples paléoasiatiques sont moins de 40 000, avec les Kets, les Nivkhes, les Youkagirs, les Itelmènes, les Koriaks et les Tchouktches, auxquels s'apparentent les Eskimo-Aléoutes (Inuits et Aléoutes qui ont peuplé l'Arctique américain). Enfin, vers le sud-est, vivent les ethnies de famille mongole, comme les 400 000 Bouriates, et toungouse-mandchoue : Evenks, Evènes, Nanaï, Oultches, Orotches, Oudégués et Oroks, qui au total sont moins de 50 000.

... guettés par la déculturation. Même si les minorités autochtones peuplent toujours la plus grande partie de ces espaces, surtout arborés, qui administrativement portent leurs noms, la moitié d'entre elles n'atteignent plus 10 000 membres et beaucoup n'en ont plus que quelques milliers et sont donc en voie de déculturation avancée.

En revanche, près de 6 millions de gens appartiennent à des nationalités européennes qui ont migré en Sibérie, ou qui y ont été déportées, et qui y jouissent d'un plus grand poids même si elles sont dispersées. On trouvait

COMPOSITION ETHNIQUE DE LA SIBÉRIE

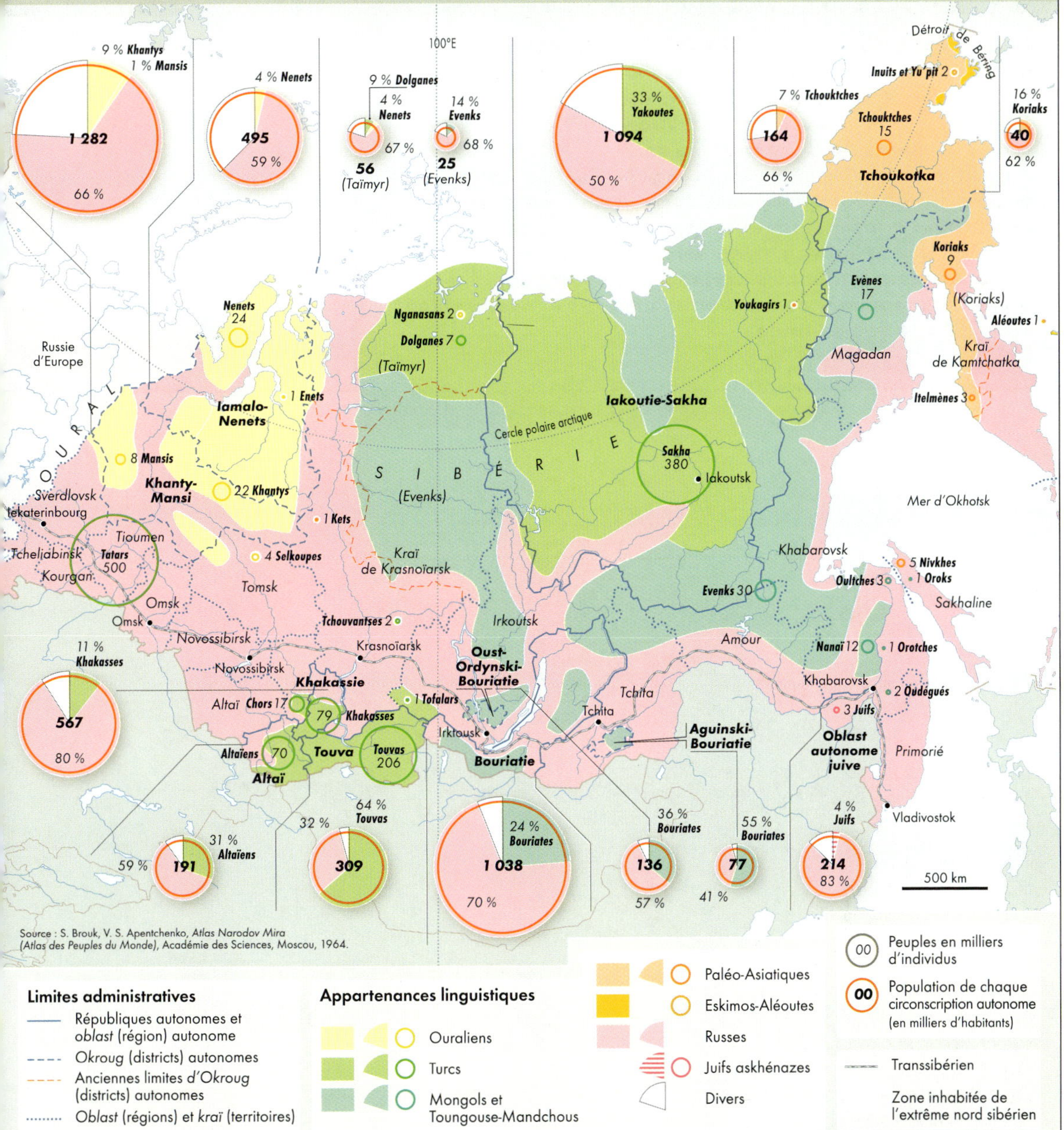

Source : S. Brouk, V. S. Apentchenko, *Atlas Narodov Mira* (*Atlas des Peuples du Monde*), Académie des Sciences, Moscou, 1964.

parmi eux des centaines de milliers d'Ukrainiens, d'Allemands, de Kazakhs et des dizaines de milliers de Polonais, de Lettons et d'Estoniens, mais, depuis 1989, ces immigrés ont eu tendance à retourner dans leur patrie d'origine. Or, en même temps, une nouvelle immigration a amené dans l'est de la Sibérie un nombre massif de Chinois et accessoirement de Coréens, trouvant du travail aussi bien dans les villes que dans les campagnes. Ce qui risque, dans les années à venir, de changer profondément le paysage humain de l'Extrême-Orient russe. Quant aux Russes, légèrement plus majoritaires en Sibérie qu'en Russie d'Europe, ils étaient aussi plus de 25 millions dans les républiques centrasiatiques devenues indépendantes. Et, depuis les séparations de 1991, beaucoup ont cherché à s'établir en Russie : sans doute plus de 8 millions, tandis que plus de 3 millions de non-Russes ressortissants de Russie gagnaient leurs nouveaux États de « l'étranger proche ».

> « ***Chacun a le droit de définir et d'indiquer son appartenance nationale. Nul ne peut être contraint de définir et d'indiquer son appartenance nationale. Chacun a le droit d'utiliser sa langue maternelle.***
> **CONSTITUTION DE LA FÉDÉRATION RUSSE, 1993.** »

L'EXTRÊME-ORIENT

Le milliard et demi de personnes – soit le quart de l'humanité – vivant en Extrême-Orient est constitué de quatre nations parvenues à la souveraineté : 1,31 milliard de Chinois et 75 millions de Coréens, chaque nation formant deux États à elle seule, plus 125 millions de Japonais et 7 millions de Mongols. Sur ces six États, quatre ont une forte majorité dominante, soit une population quasi-homogène, tandis que, dans les deux Chine (Chine et Taïwan), une soixantaine de minorités appartiennent à d'autres nationalités reconnues, bénéficiant souvent de territoires propres et rassemblant 100 millions de personnes.

LES MAJORITÉS DOMINANTES

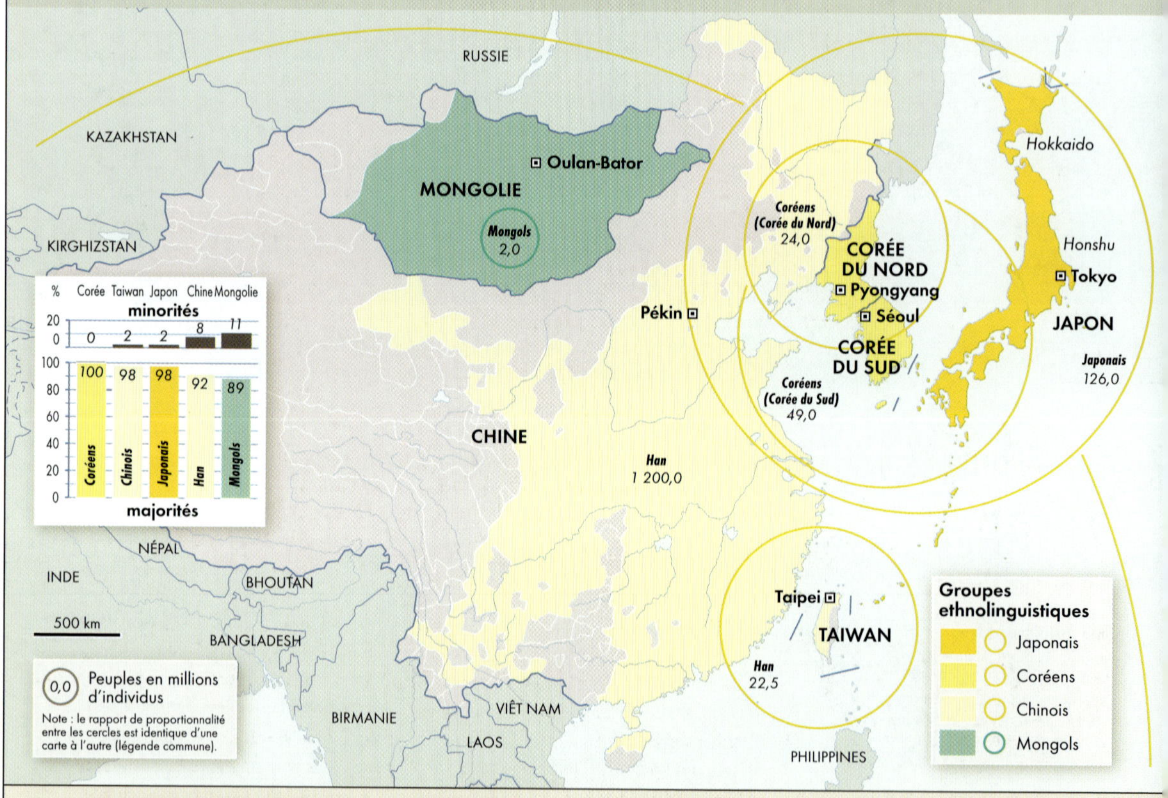

Les 55 « nationalités minoritaires » de Chine

Avec son milliard trois cent dix millions d'habitants (fin 2005), la Chine est proclamée « État multinational uni », multinational à la soviétique, mais non fédéral. Ses 56 « nationalités » officielles, dites *min zu*, se répartissent entre un peuple, majoritaire à plus de 90 %, les Han, qui sont les Chinois de langue maternelle chinoise, et 55 « nationalités minoritaires » (*shao shu min zu*), pour lesquelles ont été dessinées des circonscriptions « autonomes » (*zi zhi*). Chacune de ces nationalités possède généralement une langue propre, parfois plusieurs, appartenant à une branche des familles linguistiques altaïque (turque, mongole, toungouse), sino-tibétaine (chinoise, tibéto-birmane, miao-yao, thaï-zhuang) ou austro-asiatique et austronésienne. Seuls les Hui, Chinois de langue maternelle chinoise mais islamisés depuis des siècles, et les Mandchous, qui ont presque tous perdu l'usage de leur langue, font figure d'exception.

En dehors de ces minorités ethniques, il est difficile de distinguer des minorités religieuses. Spécialement parmi les Hans, qui, en principe, relèvent tous des « trois voies » (*san jiao*) chinoises incluant le taoïsme, le confucianisme et le bouddhisme mahayana, arrivé en Chine depuis plus d'un millénaire. En revanche, parmi les Han, on peut distinguer deux minorités : les Juifs (*You-Taï*) de Kaifeng qui, à cause des départs

LES PEUPLES MINORITAIRES

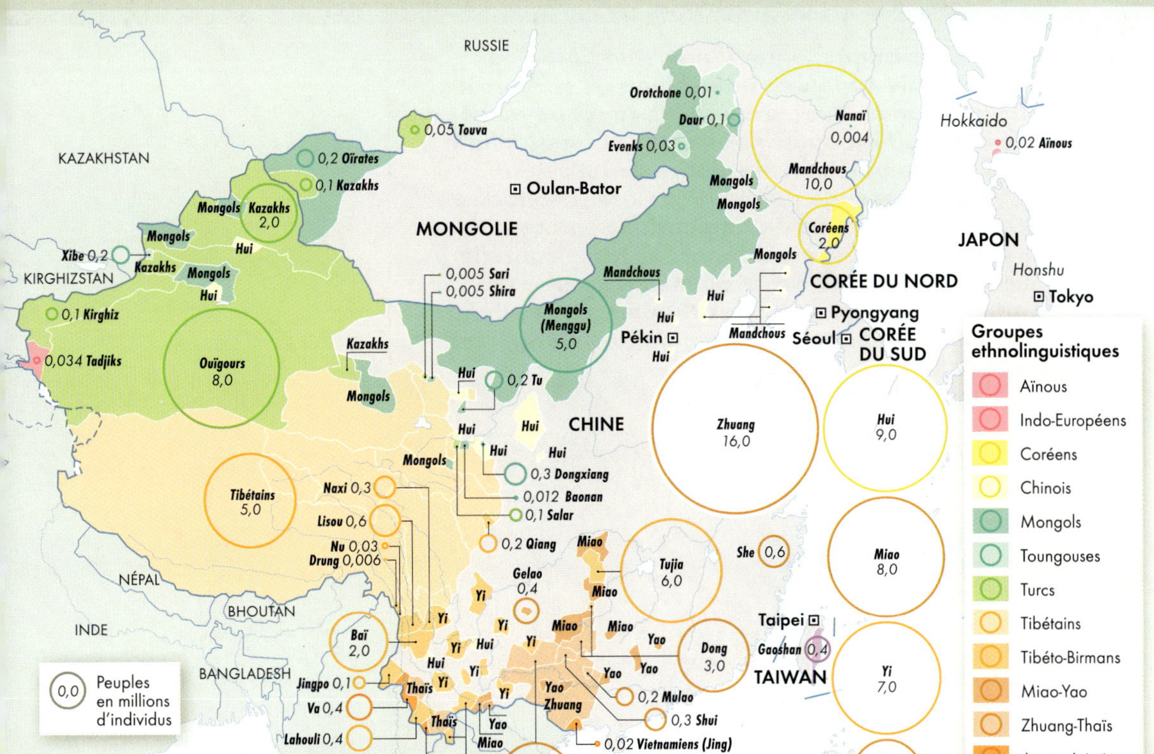

Sources : S. Brouk, V. S. Apentchenko, *Atlas Narodov Mira (Atlas des Peuples du Monde)*, Académie des Sciences, Moscou, 1964 ; A. Herrmann, *An historical atlas of China*, Djambatan, Amsterdam, 1966.

> ***La République populaire de Chine est un État multinational unitaire, créé en commun par les diverses nationalités du pays...***
> **CONSTITUTION DE LA RÉPUBLIQUE POPULAIRE DE CHINE (PRÉAMBULE), 1982.**

vers Israël, sont passés de 30 000 à 1 000, et les convertis au christianisme, principalement protestants, qui pourraient atteindre les 80 millions, soit 6 % de la population. Quant aux ethnies minoritaires, elles relèvent traditionnellement ou des trois voies ou de l'animisme et du chamanisme, ou d'une forme particulière du bouddhisme – mahayana lamaïste ou hinayana – ou encore de l'islam, comme les Turcs Ouïgours majoritaires au Xinjiang.

Les minorités des autres États

La république de Mongolie a des minorités, représentant environ 10 % de sa population dans sa partie ouest : les Oïrates, ou Kalmouks, parlant une autre langue mongole, et deux groupes transfrontaliers de Touva et de Kazakhs. La forme nationale de la langue de la Mongolie – anciennement « extérieure » – et de la Mongolie-Intérieure de Chine est le khalkha, dont les autorités soviétiques ont veillé à séparer le bouriate parlé en Sibérie.

En Corée, il n'y a jamais eu de minorité ethnique, tandis que les Coréens constituent une ancienne minorité en Chine. Cependant, le christianisme y a développé récemment une forte minorité atteignant 50 % de la population en Corée du Sud : 18 millions de protestants et 6 millions de catholiques.

Au Japon, excepté le million et demi d'insulaires de l'archipel méridional des Ryukyu, qui se distinguent par leur type physique plus sud-asiatique et leurs dialectes très particuliers, la seule minorité est celle des Aïnous, anciens autochtones, repoussés vers l'île septentrionale d'Hokkaido, qui ont un type physique européen, une langue apparentée à aucune autre et ne sont plus qu'environ 50 000. Après eux, il faut distinguer une minorité sociale historiquement ségréguée : les Buraku-Min, « peuple des hameaux », cantonnés dans des banlieues et voués à des travaux comparables à ceux des intouchables de l'Inde ; ils sont environ 3 millions. Considérons aussi les travailleurs immigrés coréens, issus de la colonisation japonaise de leur pays au XXe siècle, qui ont atteint les 2 millions mais qui ont été en majorité rapatriés. Cependant, la baisse de la démographie nippone fait qu'aujourd'hui des immigrants illégaux des deux sexes, constituent une minorité grandissante de Chinois, Philippins, Thaïlandais, etc. Ils atteindraient les 2 millions. Enfin, la conversion au christianisme a suscité l'apparition d'environ un million et demi de protestants et d'un million de catholiques, se distinguant radicalement du Japonais moyen qui suit traditionnellement les « trois voies » chinoises, plus la japonaise : le shintoïsme.

LA PÉNINSULE INDOCHINOISE

Sur le continent asiatique, entre l'Inde et la Chine, la péninsule, autrefois appelée « indochinoise » en français, est, depuis la Seconde Guerre mondiale (époque où l'état-major allié dirigeait les opérations depuis l'Inde), plutôt désignée comme la partie péninsulaire de l'Asie du Sud-Est. C'est un ensemble géopolitique assez solidaire de cinq États fondés autour de cinq nations entourées de nombreuses minorités montagnardes transfrontalières. Ces minorités multiples relèvent du même groupe de familles ethnolinguistiques que les cinq nations titulaires des États : miao-yao, tibéto-birmane, thaïe-zhuang, môn-khmère et austronésienne.

LA MISE EN PLACE HISTORIQUE DES POPULATIONS

> **_L'État de la République socialiste du Viêt Nam est un État uni de toutes les ethnies vivant ensemble sur le territoire vietnamien [...]. Toute ethnie a droit à l'usage de sa propre langue et écriture, à la préservation de son identité [...]._**
>
> **CONSTITUTION, 1986.**

Le Laos

Le Laos est l'aire de la sous-ethnie thaïe de dialecte lao, constituée en royaume de Luang Prabang, qui fut réuni à l'Indochine française. Les Laos (66 % de la population) habitent les vallées. Sur les versants, les minorités ont des parlers thaïs montagnards à l'est, môn (Khmou et Phouteng) au centre, ou khmers au sud. Vers les sommets, on trouve les Miao ou Hmong, venus de Chine et ayant émigré vers la Thaïlande, la France, etc.

Peuples, royaumes, cultures

Devant l'expansion des Vietnamiens du Xe au XIXe siècle, les Cham, hindouisés et de famille austronésienne, se sont réfugiés au Cambodge et sont devenus musulmans.

Dès le VIIe siècle, les deux peuples môn-khmers avaient développé deux autres États hindouisés : celui des Môn autour de Pegu (actuelle Birmanie) et celui des Khmers sur le Tchen-la (actuels Thaïlande et Cambodge). Ce dernier a maintenu sa puissance jusqu'au XIVe siècle.

Les Vietnamiens de langue austro-asiatique se séparent de la Chine au Xe siècle en formant le Dai Viêt et entament leur « marche vers le sud » (*Nâm Tiên*), tout en restant attachés à la culture chinoise.

Le peuple birman, proche des Tibétains, venu du nord au Ve siècle, unifie, au XIe siècle, le pays des trois fleuves qui devient la Birmanie.

Enfin, au XIIIe siècle, la destruction du royaume des Thaïs (« hommes libres ») du Nan-tchao par les Mongols entraîne l'ébranlement des peuples thaïs qui descendent alors le Mékong (au sud duquel les Syam soumettent les Môn et les Khmers) et le fleuve Rouge d'où ils entourent le Viêt Nam.

La mise en place des cinq peuples principaux, devenus nations à la tête d'un État, a laissé dans les régions montagneuses des minorités dites « sauvages » (*Moï* en vietnamien, *Pnong* en khmer, *Kha* en lao) constituant des ethnies de langue austronésienne, ou apparentées au khmer, au môn, au thaï, ou de famille miao-yao.

La Birmanie

La Birmanie, est divisé en sept provinces peuplées par la nation birmane, qui représente 70 % de la population. Autour, sept États périphériques regroupent six peuples montagnards (Chin, Rakhin, Kachin, Chan, Kayah, Karen) et, sur le littoral, les Môn ainsi que 1,5 million d'Indiens introduits par la colonisation britannique. Mais derrière la formelle reconnaissance administrative de la diversité, la dictature militaire du pays n'a cessé d'exercer l'« abattage des ethnies ».

Le Cambodge

Les Khmers représentent 89 % de la population. Outre les minorités de Khmers montagnards à l'est, vivent au sud les Cham ou Khmers-Islams, héritiers du Champa historique, dont les Khmers rouges, en 1976-1979, voulurent éradiquer la langue, la religion et la conscience nationale, et les firent passer de 500 000 à 150 000. De même, ils expulsèrent les Vietnamiens et pratiquèrent l'autogénocide d'environ deux millions de Khmers.

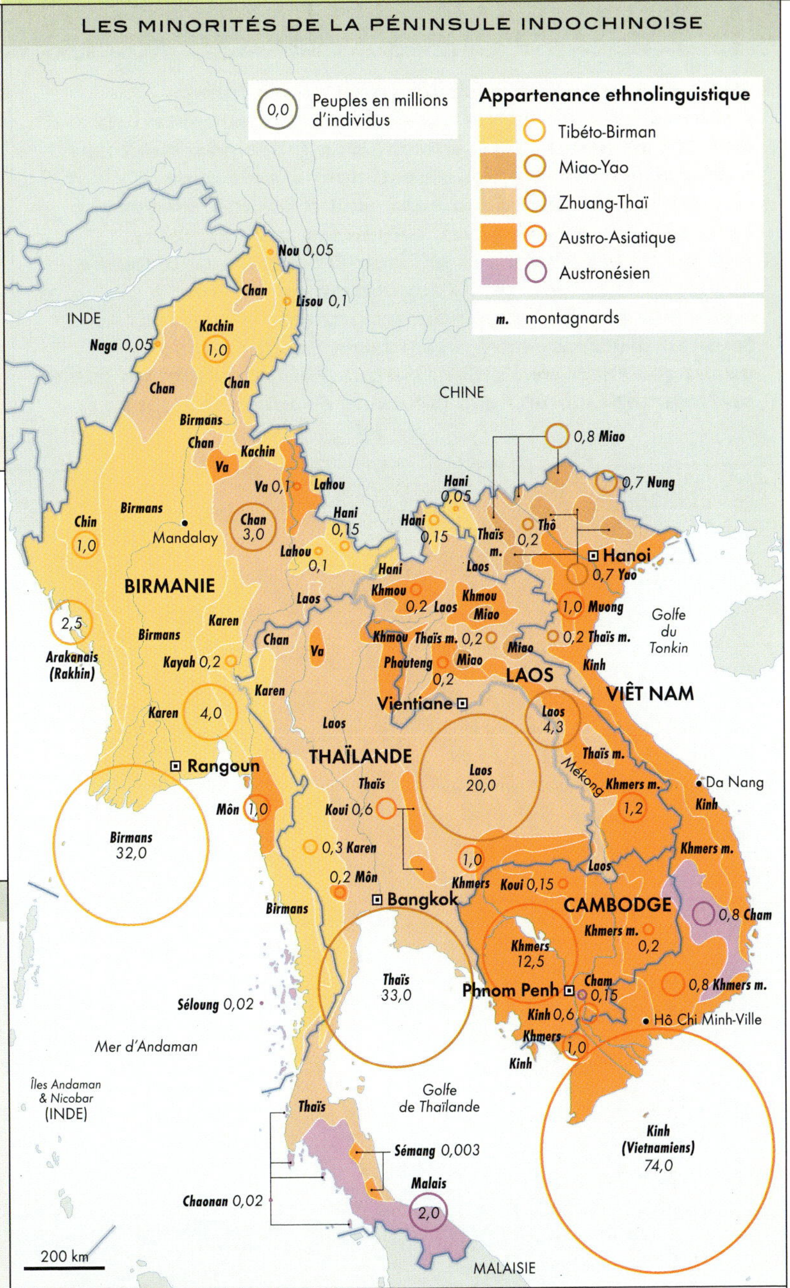

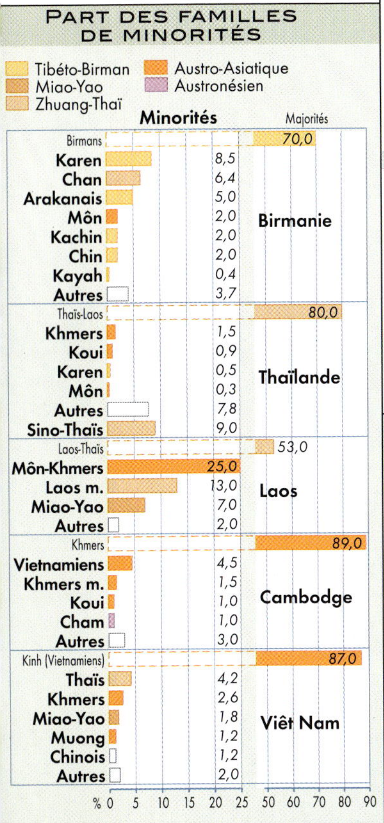

La Thaïlande

La Thaïlande, « pays des Thaïs », majoritaires à 80 % et bouddhistes, contient au nord des fragments d'ethnies transfrontalières et, au sud, 2 millions de Malais des sultanats annexés en 1902, différant par leur langue et leur culture musulmane et qui n'ont cessé de manifester leur droit à être une minorité reconnue. Enfin, la minorité immigrée des 6 millions de Sino-Thaïs joue un rôle capital dans l'économie en s'intégrant à la classe moyenne.

Le Viêt Nam

L'ethnie vietnamienne représente 87 % de la population du Viêt Nam qui inclut, sur ses bordures montagnardes, diverses minorités dotées un moment de circonscriptions de type soviétique : le Tay-Bac au nord-ouest et le Viêt-Bac au nord-est. Comptons aussi les Khmers du delta, les 2 millions de Chinois ayant fui ou disparu parmi les *boat people*, et les deux minorités religieuses : 4 millions de catholiques et 7 de caodaïstes.

LES ARCHIPELS DE L'ASIE DU SUD-EST

L'archipel du Sud-Est asiatique, ex-îles des Indes, c'est-à-dire Insulinde, ou îles de la Sonde, comprend six États : l'Indonésie, qui a succédé aux Indes néerlandaises, la Malaisie ex-britannique qui a donné trois États – la Malaisie, allant de la péninsule à Bornéo, Singapour et Brunei –, les Philippines, colonisées par l'Espagne puis par les États-Unis, et le Timor-Oriental, ex-portugais. Sur tous ces territoires, la population est divisée en de très nombreux et inégaux groupes ethniques, tous minoritaires : environ cinq cents de la famille austronésienne, de l'Indonésie aux Philippines, et un millier en Nouvelle-Guinée, tous locuteurs de langues papoues.

Les Philippines

Les Philippines comptent environ 150 groupes ethniques. Les 90 millions de Philippins sont ainsi tous membres d'une minorité. L'anglais a remplacé l'espagnol comme langue officielle, mais le tagalog, langue de la deuxième ethnie du pays, les Tagal, est proclamée nationale. Seule une minorité religieuse fait parler d'elle et revendique l'autonomie, les Moro du sud du pays, islamisés et parlant quatre langues proches.

MINORITÉS AUX PHILIPPINES

INDONÉSIE, MALAISIE,

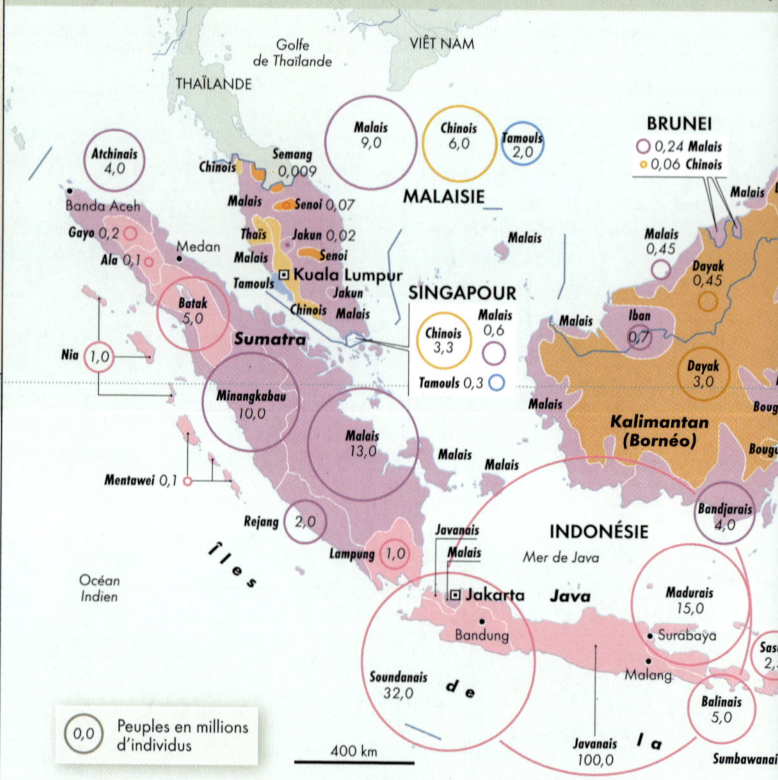

Singapour, Brunei et Timor-Oriental

L'île de Singapour, séparée de la Malaisie en 1965, est, avec près de 5 millions d'habitants, le seul État du monde à avoir quatre langues officielles, celles de ses quatre composantes (59 % de Chinois, 12 % de Malais, 7 % de Britanniques et 6 % de Tamouls et autres Indiens). Le petit sultanat de Brunei est, avec ses 400 000 habitants, composé en majorité de Malais locaux (59 %) avec une minorité (15 %) de Coréens et de Chinois. Le Timor-Oriental, indépendant du Portugal depuis 1975, fut aussitôt occupé et annexé par l'Indonésie. Résultat : 200 000 morts par répression et 250 000 victimes de la famine. En 1999, sous contrôle de l'ONU, les Est-Timorais se prononcent à 79 % pour l'indépendance, qu'ils recouvrent en 2002. Son million d'habitants est réparti en une quinzaine de groupes ethniques, surtout indonésiens, comme le plus important, les Tetun (40 %), et parfois papous, comme les Makassaï. Le portugais est rétabli à la place de l'indonésien comme langue officielle à côté du tetun.

La Malaisie

La Malaisie, indépendante en 1957, est une fédération de neuf sultanats malais héréditaires et quatre États non monarchiques dont deux situés à Bornéo : le Sarawak et le Sabah. Sur les 27 millions de Malaisiens, les Malais – dont la langue, seule officielle, est identique à celle de l'Indonésie – sont 62 % face à 25 % de Chinois et 7,5 % de Tamouls. Il faut aussi compter les nombreuses minorités de Bornéo et, dans la péninsule, quelques-unes de « primitifs » (*Orang Asli*) : Jakun indonésiens ou Senoi et Sémang môn-khmers.

EMPIRES ET COLONISATIONS

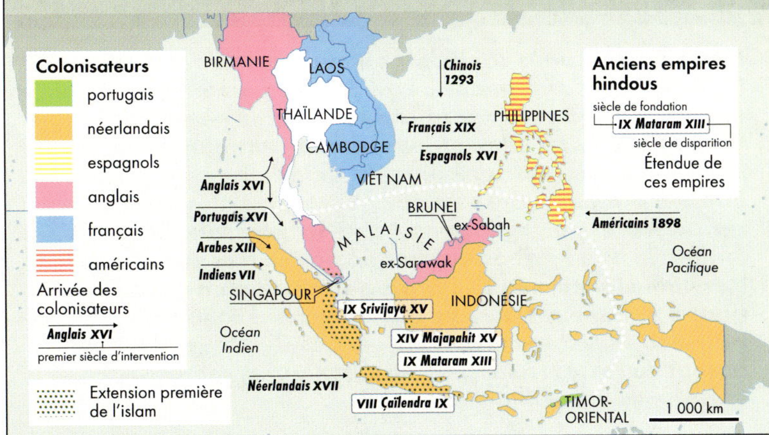

SINGAPOUR ET BRUNEI

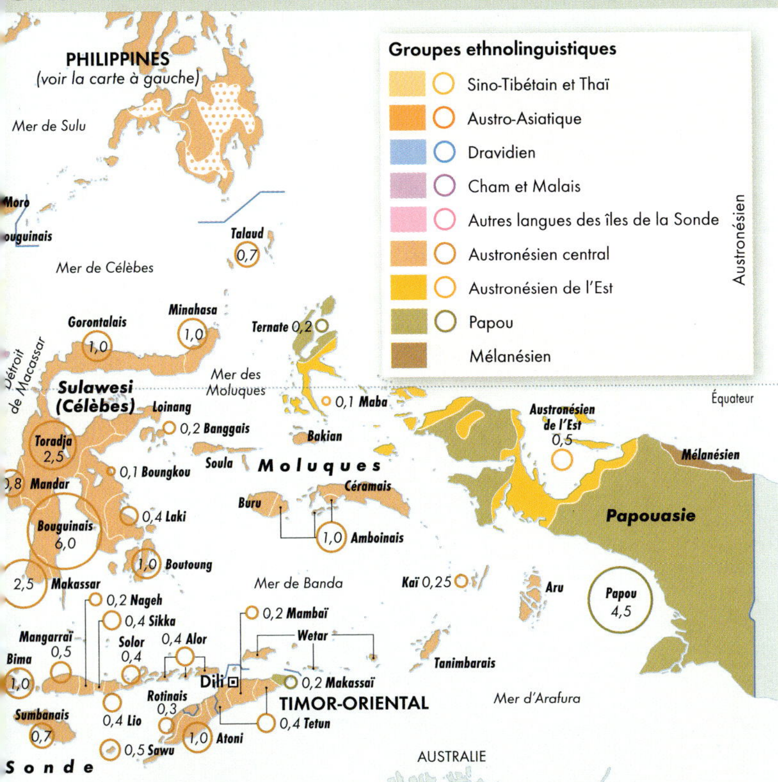

L'Indonésie

Les Indonésiens, ayant proclamé en 1945 leur indépendance, ont combattu jusqu'en 1949 pour que les Pays-Bas l'admettent et ont attendu 1969 pour voir l'annexion de la Nouvelle-Guinée occidentale. Cette population de 246 millions d'habitants comprend plus de cent groupes ethniques principaux, dont aucun n'est majoritaire puisque les 100 millions de Javanais n'en représentent que 40 % et les 13 millions de Malais, 5 %. La plupart parlent des langues austronésiennes, sauf les 2 millions de Papous. La langue malaise, sous la forme standard du bahasa indonesia (« langue de l'Indonésie », identique au bahasa malaysia), est la seule officielle, enseignée partout et assez aisément intelligible pour les autres populations austronésiennes. Les 5 millions de Chinois constituent une forte minorité (2 %) solidement implantée dans l'activité économique.

L'Indonésie, initialement hindouisée et bouddhiste, a été presque intégralement islamisée. À côté des 85 % de musulmans, on compte 5 millions de Balinais restés hindous, environ autant d'animistes dans le Kalimantan et en Papouasie, une vingtaine de millions de chrétiens convertis sous la colonisation, et les Chinois fidèles à leurs « trois voies ». Sur trois conflits minoritaires armés, ceux des Atchinais, à Sumatra, et des Papous ont débouché sur deux statuts régionaux d'autonomie (l'Atjeh et la Papouasie), mais celui des Amboinais chrétiens a échoué dans les Moluques.

> « *Aux fins de communication et d'instruction, les langues officielles des Philippines sont le pilipino et, jusqu'à tout autre provision légale, l'anglais.* »
>
> CONSTITUTION DE LA RÉPUBLIQUE DES PHILIPPINES, 1987.

Empires et colonisations

L'Asie du Sud-Est hérite de plusieurs influences. Dès le VIIe siècle, le rayonnement de l'Inde entraîne l'apparition de royaumes et d'empires hindous sur Java et Sumatra. Puis, à partir du XIIIe siècle, les Arabes islamisent la plus grande partie de l'archipel et à partir du XVe, cinq puissances occidentales – Portugal, Angleterre, Espagne, Pays-Bas, France, États-Unis – se partagent tout le Sud-Est asiatique, sauf la Thaïlande.

LE SOUS-CONTINENT INDIEN

L'Asie du Sud, sous-continent ou subcontinent indien, loge un quart de l'humanité, soit plus d'un milliard et demi d'habitants, séparés du reste des terres par la chaîne himalayenne et les steppes centrasiatiques, et dont les origines sont souvent extérieures. Ce complexe humain comporte près de deux centaines d'ethnies actuellement partagées entre six États au sein desquels majorités et minorités ont des positions très variables. L'unité historique de civilisation s'est élaborée sur quatre millénaires au cours desquels ont cohabité quatre religions autochtones et trois venues du Moyen-Orient, autant de facteurs supplémentaires qui accentuent la diversité des minorités.

LES POPULATIONS DU SOUS-CONTINENT

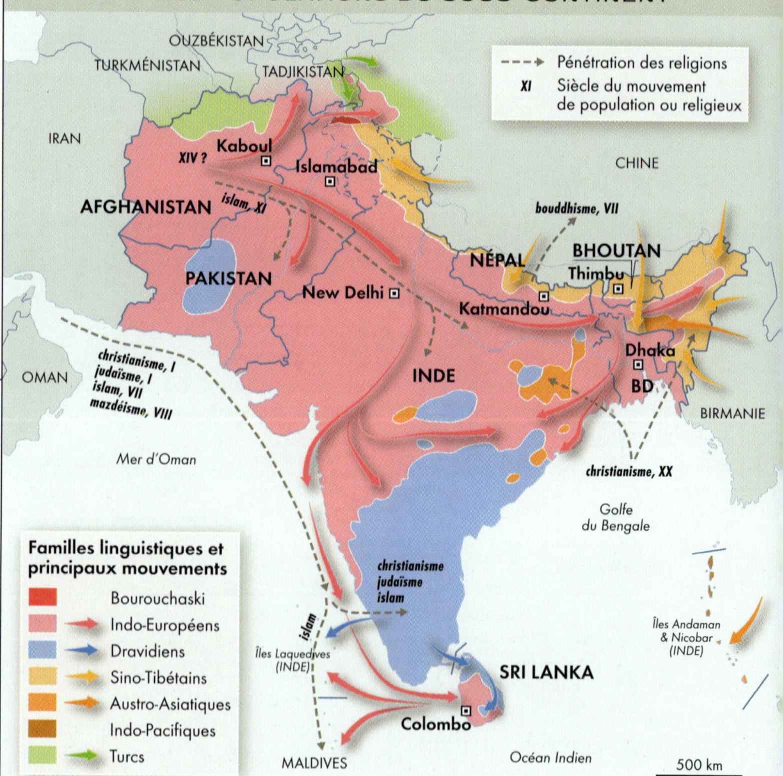

La diversité des populations

La diversité des populations du sous-continent s'exprime par l'aspect physique, l'appartenance linguistique et l'affiliation religieuse.

Sur le plan de l'anthropologie physique, on distingue quatre types, dont trois sont également répandus dans les régions voisines : le type européen, blanc, venu de l'Ouest ; le type sud-indien, noir, propre au sud du subcontinent, distinct des types africain ou mélanésien ; le type est-asiatique, jaune, venu d'Asie centrale ; le type équatorial, dit australoïde, survivant encore dans les îles.

Sur le plan linguistique, les ethnies du sous-continent appartiennent à cinq familles – indo-européenne, dravidienne, sino-tibétaine, austro-asiatique et indo-pacifique – dont quatre sont également communes aux régions voisines. Mais, s'il y eut des liens dans l'introduction de certains de ces ensembles, raciaux et culturels, les mélanges survenus au cours des millénaires ont fait que leurs contours ne sont plus superposables. Par exemple, il serait faux de prétendre que les membres des ethnies indo-européennes sont blancs, et ceux des dravidiennes noirs. La réalité est ainsi fort éloignée des mythes schématiques qui ont longtemps été invoqués pour justifier les discriminations entre castes sociales.

Sur le plan religieux, à côté des croyances autochtones – animisme, hindouisme, bouddhisme, jaïnisme et sikhisme – ont été importés le judaïsme, le christianisme et l'islam, qui ont pénétré différemment chaque groupe ethnique au cours de l'histoire.

LES DÉPLACEMENTS DE POPULATION DE LA PARTITION

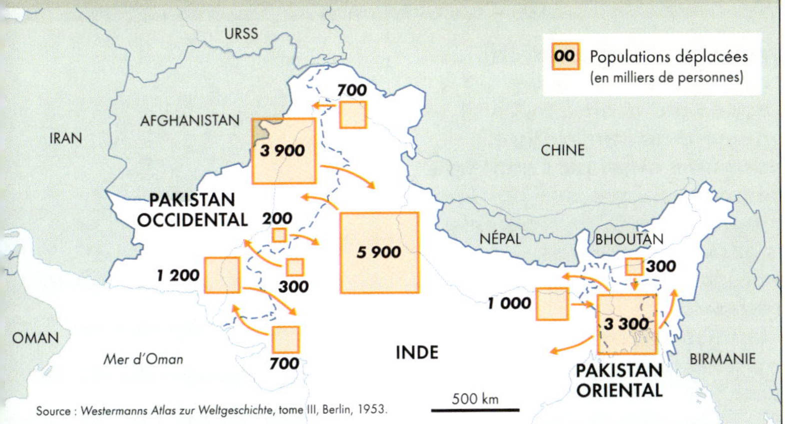

Source : *Westermanns Atlas zur Weltgeschichte*, tome III, Berlin, 1953.

> ***À l'est de l'Inde, s'étend une région qui est entièrement de sable. En fait, de tous les habitants de l'Asie sur lesquels nous savons quelque chose, les Indiens résident au plus près de l'Est et du lever du soleil.***
>
> **HÉRODOTE, 440 AVANT NOTRE ÈRE.**

La Partition

La décolonisation a commencé en août 1947 par la victoire du mouvement nationaliste indien luttant depuis un demi-siècle par la non-violence pour la disparition de l'Empire britannique des Indes.

UNE DIVISION ORCHESTRÉE PAR LONDRES. Le gouvernement de Londres, avant de renoncer à régner sur l'Inde, était à tel point parvenu à diviser ses opposants pour prolonger son règne qu'il réussit à imposer un partage du territoire indien en plusieurs États correspondant aux antagonismes les plus vivement suscités : ceux des religions. Le subcontinent qui, depuis des siècles et des millénaires, avait vu cohabiter toutes sortes de croyances, avait en effet été amené par le colonisateur à un affrontement de communautés digne de la tradition européenne des guerres de religion.

UN PARTAGE ARBITRAIRE. Le partage, cette Partition improvisée en quelques semaines, avait pour but la création d'un nouvel État, musulman, le Pakistan, « pays des purs », faisant sécession de l'Inde traditionnellement pluriconfessionnelle. Mais l'atmosphère était tellement conflictuelle que cette division territoriale, arbitraire et précipitée, s'accompagna, d'un État à l'autre, d'énormes déplacements des populations qui craignaient d'être minoritaires, opprimées ou massacrées. 7,3 millions d'hindous et de sikhs partirent vers l'Inde et 8,9 millions de musulmans gagnèrent le Pakistan. Enfin, ce nouvel État du Pakistan, très artificiel car divisé en deux territoires éloignés de 1 500 km, dut admettre en 1971 la sécession du Bangladesh.

Des pays pluriconfessionnels

La Partition, faite sur une base religieuse, parvint difficilement à créer des pays uniconfessionnels car, sur les six États du sous-continent, la plupart comptaient d'importantes minorités religieuses. L'Inde conserve une minorité de plus de 130 millions de musulmans, proche de la population du Pakistan ou du Bangladesh, devant 25 millions de chrétiens, 20 millions de sikhs, 8 millions de bouddhistes, 4 millions de jaïns et 5 millions d'animistes et d'incroyants.

23 millions d'hindous vivent au Bangladesh face à 120 millions de musulmans, moins nombreux qu'en Inde ! Le Bhoutan a au moins un tiers d'hindous non reconnus, alors que le Népal, seul « royaume hindou », respecte l'antériorité de ses ethnies bouddhistes. Quant au Sri-Lanka, il invoque la division confessionnelle dans son conflit interethnique violent. Seules les Maldives sont uniconfessionnelles ; le Pakistan l'est presque avec à peine 2 millions de chrétiens et presque autant d'hindous.

LES MINORITÉS RELIGIEUSES

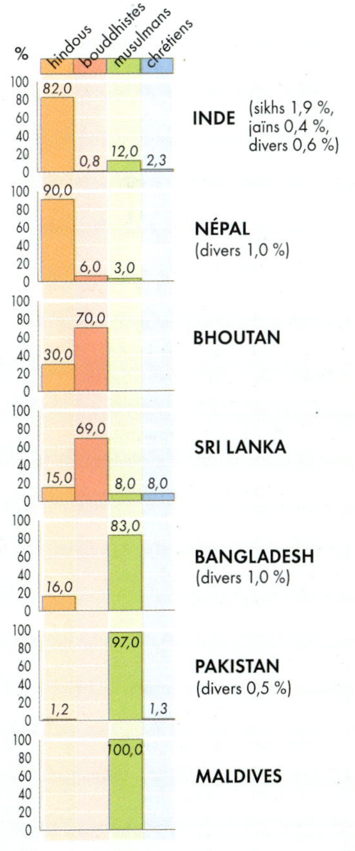

L'INDE

L'Union indienne, nation unique et multilingue, est dotée d'une structure politique fédérale et démocratique, où toutes les minorités autochtones ont droit à la reconnaissance et au développement de leur culture. Ses presque deux cents communautés ethniques sont très inégales tant par leur poids démographique que par leur rôle politique. Le statut des minorités y est un problème clé, distinct de la situation des castes inférieures minorisées par un système social juridiquement aboli mais encore pratiqué par les castes héritières d'une tradition culturelle et administrative dominante. Tradition qui admettait les minorités religieuses, d'origine indienne ou étrangère.

PRINCIPALES ETHNIES À LANGUE CONSTITUTIONNELLE OU MINORITAIRE

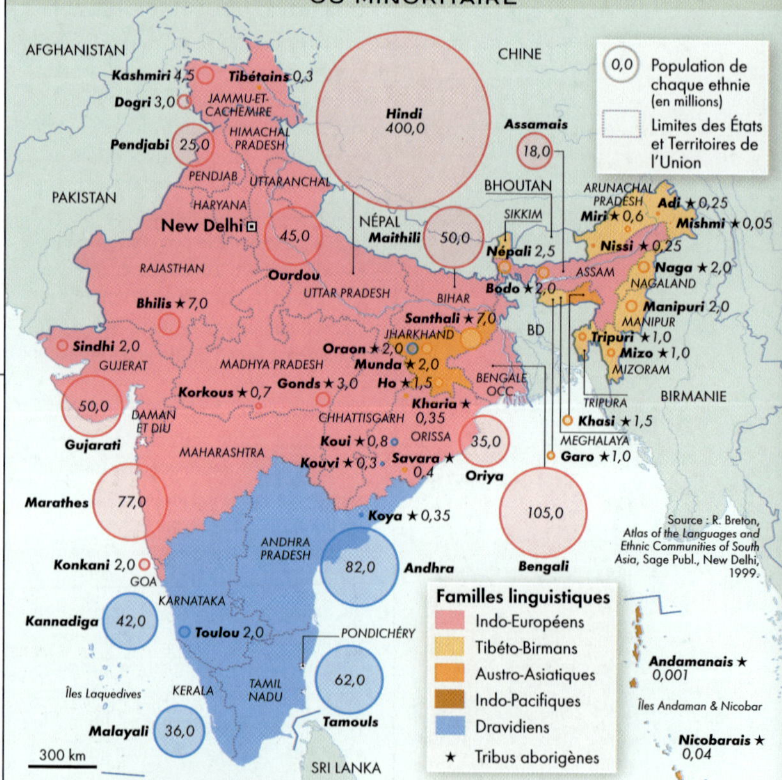

« Unité dans la diversité »

Sur les deux cents groupes ethniques ayant leur langue propre, vingt-trois ont obtenu l'inscription de cette langue dans une liste annexée à la Constitution, ce qui peut leur faciliter l'attribution d'un État ou d'un territoire propre. Une vingtaine d'autres ethnies comptent entre 7 millions et 100 000 membres (dont les Naga qui parlent une vingtaine de langues). Une cinquantaine d'autres ont entre 100 000 et 10 000 membres et une autre cinquantaine, moins de 10 000. Aucune de ces communautés ethniques n'atteignant la majorité absolue, toutes pourraient être considérées comme des minorités. Cette multiplicité des composantes est reconnue à l'intérieur de la nation indienne dont la devise est « Unité dans la diversité ». Enfin, la plupart des petites communautés sont listées comme des « tribus aborigènes » (*Adivasi*), montagnardes ou sylvicoles, représentant les premiers habitants de l'Inde qui font l'objet d'une protection légale.

> *Tout groupe de citoyens résidant sur le territoire de l'Inde ou sur toute partie de celui-ci et ayant une langue, une écriture ou une culture distinctes aura le droit de les conserver.*
>
> CONSTITUTION, PROTECTION ET INTÉRÊTS DES MINORITÉS, 1950.

Réorganisations et États linguistiques

Depuis son indépendance, l'Inde a été, à la demande de certaines minorités, soumise à une série de réorganisations de sa carte politique qui a dû faire place à de nouveaux États linguistiques correspondant à une ou plusieurs communautés ethnolinguistiques, parfois à la suite de mouvements insurrectionnels. En 1953, le processus commence par la réorganisation de Madras, État en majorité tamoul qui perd sa région de parler télougou devenant l'État d'Andhra. En 1956, la réorganisation générale entraîne la formation des quatre États linguistiques dravidiens : Tamil Nadu, Kerala, Karnataka et Andhra Pradesh. En 1960, la réorganisation de Bombay divise cet État en deux : le Maharashtra et le Gujerat, respectivement marathe et gujarati. En 1966, la réorganisation du Pendjab donne à cet État une majorité sikhe, de parler pendjabi. Son ancienne région hindoue, de parler hindi, devient quant à elle l'État d'Haryana.

En 1962 est créé l'État de Nagaland pour les tribus tibéto-birmanes des Naga et, en 1972, la réorganisation du Nord-Est crée les États de Meghalaya, Mizoram et Arunachal Prasdesh pour d'autres tribus tibéto-birmanes ou môn-khmères. En 2000, sont créés les États de Jharkhand et du Chhattisgarh pour les tribus montagnardes munda et dravidiennes du Deccan. Enfin, en 2003, un accord donne une autonomie aux Bodo (tibéto-birmans) dans l'Assam. De nos jours, c'est au Manipur que subsiste le plus d'agitation. Turbulences menées par les tribus Naga et Chin.

Réorganisations voulues par les minorités

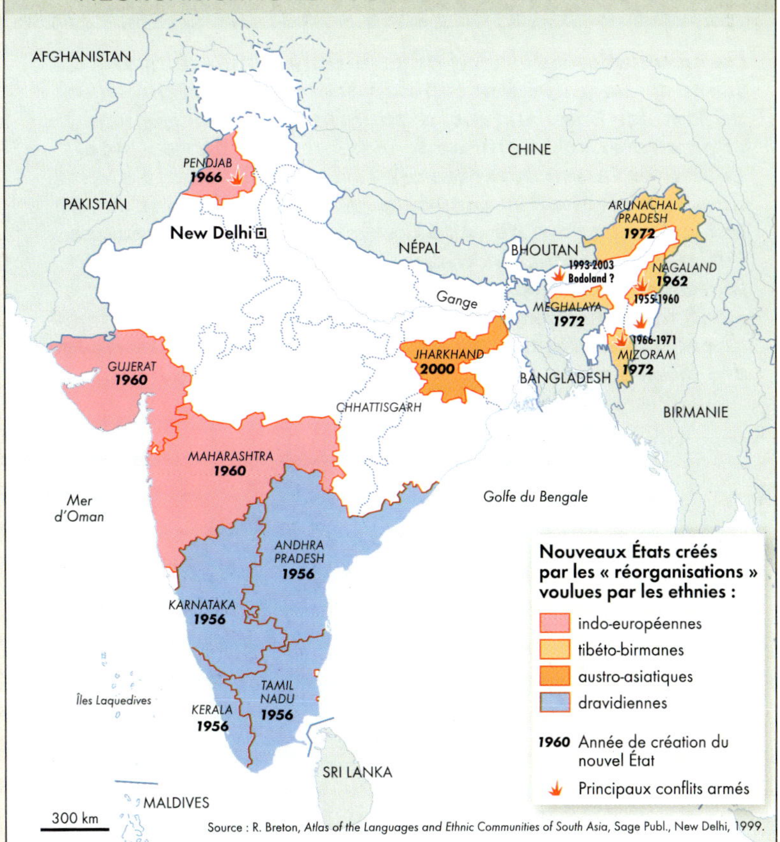

Source : R. Breton, *Atlas of the Languages and Ethnic Communities of South Asia*, Sage Publ., New Delhi, 1999.

La communauté majoritaire

Y a-t-il en Inde une communauté majoritaire ? Les Indiens élevés en hindi, en ourdou ou en pendjabi parlent, en fait, la même langue, véhiculaire dans toute l'Inde du Nord, l'hindoustani. Cette langue est compréhensible oralement par tous, mais s'écrit en trois alphabets différents, avec certaines tournures classiques ou modernes propres. Ces alphabets relèvent des trois cultures cohabitant dans un espace commun : alphabet nagari, ex-sanskrit, pour les hindous ; arabo-persan pour les musulmans ; gouroumoukhi pour les sikhs. Selon les derniers recensements, les locuteurs de l'hindi (y compris le vieux parler maithili) représentent à peine 40 % des Indiens, mais, avec ceux de l'ourdou (5,4 %) et du pendjabi (2,8 %), ils composent une communauté de 48 % des Indiens. L'aire où cette langue domine, la région hindie ou Hindi Belt couvre huit États plus le territoire de la capitale Delhi, soit 38 % de la superficie et 43 % de la population de l'Inde. Il s'agit donc là d'une solide communauté au centre du pays et proche de la majorité absolue. Cette communauté déborde largement vers le sud avec les minorités descendant des cadres musulmans des empires où fut créé l'ourdou, prédécesseur de l'hindi. Cette langue, apparue plus tard et plus au nord, a été sanskritisée à dessein pour devenir la langue fédérale de l'Union indienne. Elle s'impose donc aux côtés de l'anglais, langue auxiliaire, et au-dessus les vingt-deux autres langues constitutionnelles et celles, nationales, des cent cinquante autres communautés.

La Hindi Belt

Source : R. Breton, *Atlas of the Languages and Ethnic Communities of South Asia*, Sage Publ., New Delhi, 1999.

LA PÉRIPHÉRIE DU SOUS-CONTINENT IND

Les populations des cinq pays périphériques du sous-continent se partagent cette diversité de types physiques, de familles linguistiques, d'appartenances religieuses et de strates socio-économiques, qui est celle de l'Inde, et dont ils furent détachés après des millénaires de vie dans une civilisation commune. Mais l'ampleur et la reconnaissance de cette diversité peuvent beaucoup varier. Cela induit des rapports très différents entre la majorité spécifique à chaque État et les minorités régionales au Pakistan, tribales au Népal, étrangères au Bhoutan, montagnardes au Bangladesh, immigrée depuis des siècles au Sri Lanka et inexistante aux Maldives.

LES ÉTATS DE LA PÉRIPHÉRIE NORD

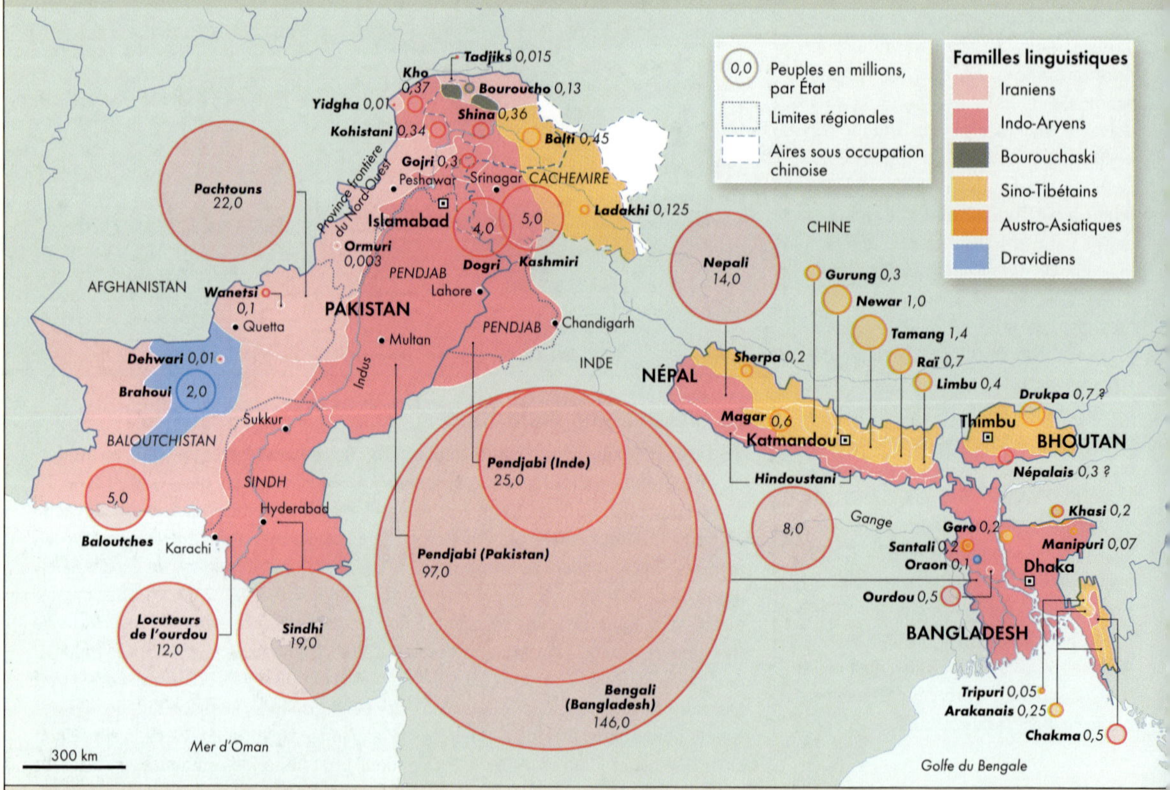

Népal, Bhoutan et Bangladesh

Les 28 millions de Népalais appartiennent pour plus de 50 % à l'ethnie dominante ayant fondé ce « royaume hindou » au XVIIIe siècle, les Népali ou Gurkha, venus de l'ouest avec une langue proche de l'hindi et qui s'installèrent à mi-montagne. Mais les ethnies montagnardes autochtones sont d'origine tibéto-birmane : les Newar de la vallée de Katmandou, cinq autres ethnies des vallées parallèles, les Sherpa de l'Himalaya, qui sont des Tibétains, et une quinzaine de groupes mineurs ayant quelques milliers de membres, toutes ces populations pratiquant traditionnellement le bouddhisme lamaïste. Enfin, dans la plaine du Gange, vivent les Madhesi, forte minorité parlant différentes versions de l'hindoustani, dont l'hindi, l'ourdou et le maithili.

Le million de Bhoutanais se répartit entre une majorité de Tibétains autochtones de l'Himalaya, nommés Drukpa, et de parler dzong-kha, dont la monarchie est attachée au bouddhisme lamaïste, et une minorité, mal dénombrée et menacée d'expulsion, de Népalais hindous, venus coloniser le piémont et parlant surtout le nepali, qui sont maintenant tenus de parler tibétain, d'adopter les rites, coutumes et costumes de la majorité dominante… ou de quitter le pays.

Les 150 millions d'habitants du Bangladesh font partie, à près de 99 %, du peuple bengali, divisé par la Partition. Le million et demi de minoritaires non

IEN

Le Pakistan

Le Pakistan, république islamique fédérale, est divisé en quatre provinces correspondant approximativement aux aires des quatre principales ethnies régionales groupant 90 % des 160 millions de Pakistanais : les Pendjabi (60 %), les Pathans (22 %), les Sindhi (13 %) et les Baloutches (3 %). Un cinquième groupe ethnique parle la langue nationale, l'ourdou, version musulmane de l'hindoustani, surtout propre aux descendants des rapatriés (*muhajirs*) de 1947, qui ont fondé ce pays. Avec 5 millions de locuteurs natifs concentrés à Karachi, Islamabad et dans les autres grandes villes, et avec 40 millions d'utilisateurs, c'est la langue véhiculaire de loin la plus écrite et enseignée, ne laissant aux quatre langues régionales qu'un rôle minoritaire. Enfin, la quinzaine de petites ethnies locales, brahouie et dardique, ou la demi-douzaine de celles de la partie du Cachemire occupée par le Pakistan (dont la principauté de Hunza) ont une place des plus marginales.

À côté de ses 97 % de musulmans, le Pakistan compte deux petites minorités religieuses d'environ deux millions chacune : les chrétiens convertis des castes inférieures, et les descendants des hindous n'ayant pas fui en 1947. Minorités auxquelles il faut ajouter les 5 millions d'ahmadi, appartenant à une secte fondée en 1889, à qui l'islam officiel veut refuser le titre de musulmans. Notons que dans la partie indienne du Cachemire, la seule langue officielle est aussi l'ourdou, devançant celles des Dogri (Pendjabi du Nord) et des Kashmiri.

LES ÉTATS DE LA PÉRIPHÉRIE SUD

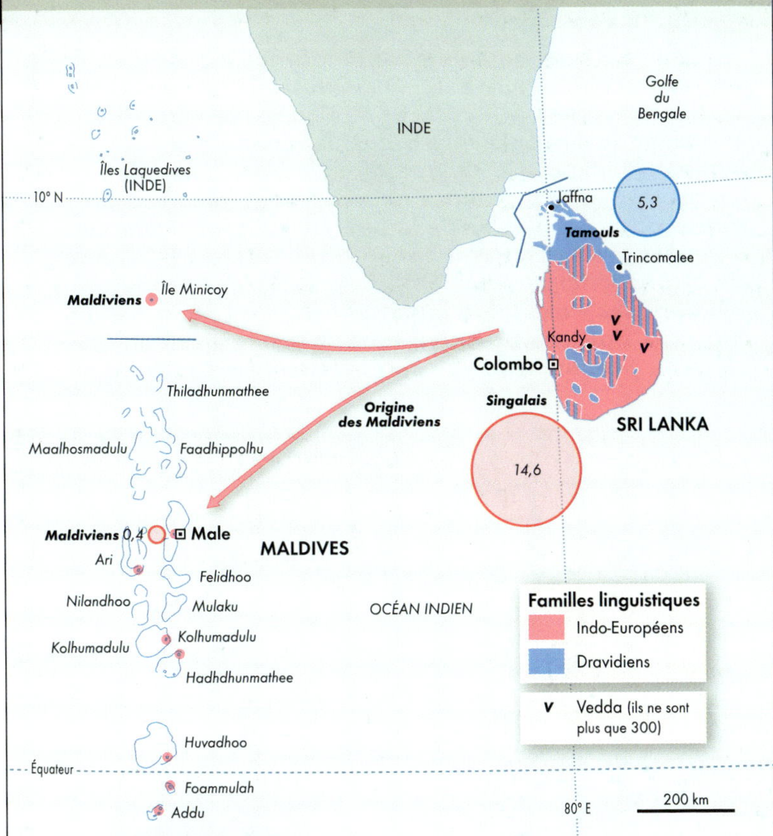

> **Le cinghalais sera la langue de l'administration et sera utilisé pour enregistrer les textes publics [...] dans toutes les provinces du Sri Lanka autres que les provinces Nord et Est du Sri Lanka où le tamoul sera utilisé ainsi.**
>
> CONSTITUTION, 1978.

Sri Lanka et Maldives

Le Sri Lanka offre un des plus mauvais exemples de situation minoritaire, puisque, depuis une trentaine d'années, il ne parvient pas à mettre un terme au conflit violent opposant ses Tamouls à la majorité de Singalais (ou Cinghalais de l'ex-Ceylan) représentant les trois quarts de sa population, parlant une langue indo-européenne et héritiers d'une tradition bouddhiste. Les Tamouls, eux, sont en majorité hindous, mais comptent aussi des musulmans appelés « Maures » et des chrétiens.

Ces Tamouls sont d'origine ou bien autochtone – car ils descendent de ceux qui ont colonisé les côtes nord et est de l'île pendant plus de dix siècles –, ou bien immigrée car fils de ceux installés au XXe siècle comme travailleurs des plantations sur les hauteurs du centre de l'île. Ces derniers ont, en grande partie, été rapatriés par les derniers gouvernements. Mais le conflit perdure avec les Tamouls autochtones, dont une aile extrémiste lutte pour un État tamoul séparé, le Tamil Eelam. Des petites minorité urbaines de « créoles », d'origine portugaise ou malaise, héritières de l'époque coloniale, et la plus ancienne population indigène en voie de disparition, les Vedda, apparentée aux tribus « primitives » australoïdes survivant de l'Inde à l'Australie, perdurent aussi.

Quant aux îles Maldives, elles n'ont pas de minorité : leurs 350 000 habitants ont la même langue, proche du cinghalais, le mahl ou divehi, écrite en caractères thana, parlée aussi dans l'île Minicoy en Inde. Tous sont musulmans.

bengali est réparti d'abord en tribus montagnardes surtout implantées au sud-est, où dix ethnies de Jumma ont milité pour l'autonomie, puis en montagnards indiens venus travailler dans le delta. Ces montagnards constituent, avec les 23 millions de Bengali hindous restés en 1947, la minorité de 17 % de la population extérieure à l'islam. Enfin, les rapatriés de l'Inde en 1947 ont introduit une minorité culturelle parlant l'ourdou.

LES PAYS TURCS

Six États ont une langue nationale turque : quatre en Asie centrale et deux en Asie du Sud-Ouest. Ils forment, avec certaines régions de Russie et de Chine, cet ensemble conscient de son existence qu'est le monde turc, symbolisé, depuis 1992, par la conférence annuelle de ses chefs d'État, tenue successivement dans chacun de ces pays. De plus en plus, une vie culturelle commune s'impose : retour à l'alphabet latin d'Atatürk, à la place du cyrillique imposé par Staline, grâce à des productions médiatiques transmises matériellement ou par satellite. Mais ces États comprennent tous des minorités non turques, posant problème en Turquie et en Azerbaïdjan.

LES MINORITÉS RUSSES

> ***Il y a des citoyens conationaux qui ont été incités à se penser comme Kurdes, Tcherkesses, Lazes ou Bosniaques. Mais ces termes erronés n'ont rien amené, sauf l'affliction d'individus membres de la nation...***
>
> **Mustafa Kemal Atatürk, 1930.***

La Turquie et l'Azerbaïdjan

En Turquie, les Kurdes, implantés massivement dans le sud-est du pays et en îlots jusqu'au centre, se sont longtemps vu interdire d'utiliser, même oralement, leur langue et de revendiquer leur ethnicité. Officiellement baptisés « Turcs montagnards », ils sont maintenant admis comme étant au maximum 5 millions, soit 7 % de la population, alors qu'ils sont environ 16 millions, soit 23 % ! Ils n'ont toujours pas droit à l'enseignement de leur langue, ni à aucune autonomie et leurs organisations, proclamées terroristes, sont toujours poursuivies. Leurs anciens voisins Arméniens ont été victimes de plus fortes persécutions, comme le génocide de 1915, et ceux qui survivent habitent surtout à Istanbul. La Turquie reste ainsi un des modèles de l'exclusivisme majoritaire et de la négation violente des minorités. En rejetant l'existence du peuple kurde d'au moins 30 millions de membres, dont la majorité vit sur son territoire et le reste dans trois pays voisins, elle demeure le plus grand pays au monde dans une telle position de négation et de division.

En Azerbaïdjan, l'ancien découpage territorial soviétique selon les « nationalités » a légué un conflit permanent avec l'Arménie. Presque limitrophe de l'Arménie, mais théoriquement à l'intérieur de l'Azerbaïdjan, la « région autonome » arménienne, baptisée Haut-Karabakh en russe et en azéri, et Artsakh en arménien, proclame en 1988 son rattachement à l'Arménie. Des combats ayant commencé, la région passe en 1989 sous administration russe et, en 1991, un accord de cessez-le-feu intervient entre Arménie et Azerbaïdjan. Aussitôt, l'Artsakh proclame son indépendance, l'Azerbaïdjan ayant supprimé l'autonomie du Haut-Karabakh. En 1992, les troupes russes quittent cette région qui reste sous occupation arménienne, sans que l'Azerbaïdjan reconnaisse les faits. Pourtant, en 1998, il proclame le Nakhitchevan – situé aux frontières de l'Iran, hors de son territoire central et d'où la minorité arménienne a disparu – « république autonome ». Le Haut-Karabakh demeure donc l'un des conflits latents de la région caucasienne qui renforce le rôle de médiateur de la Russie.

DÉPLACEMENTS DES PEUPLES TURCS

De la Turquie au Kazakhstan

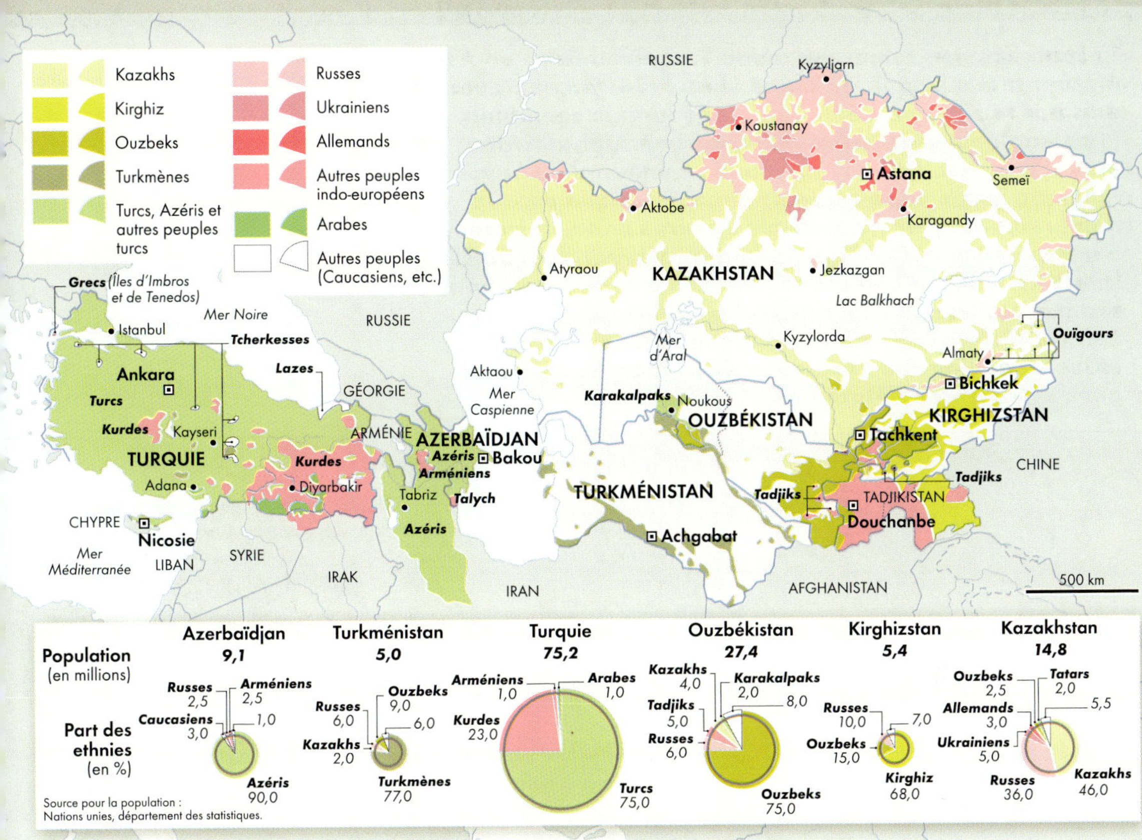

L'Asie centrale turcophone

En Asie centrale, quatre des cinq anciennes républiques socialistes soviétiques sont turcophones : Kazakhstan, Kirghizistan, Ouzbékistan et Turkménistan. Leurs frontières, dessinées par Moscou, parfois de façon aberrante (même si le but était de cerner les cinq principales « nationalités » autochtones de cette région), sont restées inchangées après 1989. De nombreuses minorités demeurent donc. D'abord, celles dues au voisinage de ces États et nationalités ; puis celles issues de la présence d'autres nationalités autochtones comme les Karakalpaks en Ouzbékistan ; enfin, les minorités liées aux nationalités extérieures venues coloniser et encadrer cette région, comme les Tatars, les Russes, les Ukrainiens, ou déportées par le régime soviétique, comme les Allemands, les Polonais, les Coréens.

Ces situations avaient bénéficié de la reconnaissance théorique des « nationalités » en URSS et sont rarement conflictuelles, sauf vis-à-vis des Russes, ressentis comme dominateurs et qui ont pour la plupart regagné la Russie après 1989. Il est vrai que la démographie des populations asiatiques, beaucoup plus forte, rendait partout les Occidentaux de plus en plus minoritaires, lesquels, depuis 1989, ont pu rejoindre leurs pays d'origine.

Sur ces quatre peuples turcs, titulaires d'un État, trois sont largement majoritaires dans leur république où ils représentent environ les trois quarts de la population, à l'exception des Kazakhs qui sont moins de la moitié au Kazakhstan, grande terre de colonisation.

La divergence historique des peuples turcs

Les peuples turcs, ou turco-tatars, constituent la branche occidentale de la famille altaïque dont les branches orientales sont la mongole et la toungouse. Différents rameaux turcs se sont mis en mouvement dès le Vᵉ siècle et ont migré tant vers l'Europe que vers la Sibérie du Nord ou l'Asie centrale. Appelés *Tou-kiue* en chinois, et *Türk* ou Turcomans à l'Ouest, ils dominent au VIᵉ siècle les peuples indo-européens – Chorasmiens, Sogdiens, Khotanais et Tokhariens – d'une Asie centrale qui devient le Turkestan et où les Arabes recherchent leurs mercenaires (mamelouks). Les Turcs fondent au Moyen-Orient les dynasties seldjoukide puis ottomane, créant l'empire qui se lance à la conquête des Balkans et de l'Afrique du Nord, tandis que les Turcs de l'Est conquièrent l'Inde à partir de l'Afghanistan. Mais aucune de ces expansions impériales n'a entraîné d'implantation durable.

L'ESPACE IRANIEN

L'espace iranien comprend, de la Turquie et la Mésopotamie jusqu'à la Chine et au Pakistan, trois États unis par l'usage prédominant d'une langue commune, le persan appelé farsi à l'ouest, dari en Afghanistan et tadjik à l'est. Doté d'une langue commune, le paysage ethnique assez varié comporte une mosaïque de nombreux peuples fragmentés en aires minoritaires s'interpénétrant. Ces minorités, qui relèvent des familles iranienne, turque ou arabe, font face à cette tradition historique incomparable qu'est la culture persane. Culture si forte que même les 30 millions de Kurdes et les 20 millions de Pachtouns de la famille iranienne ont du mal à s'en détacher.

LA CULTURE DU PERSAN

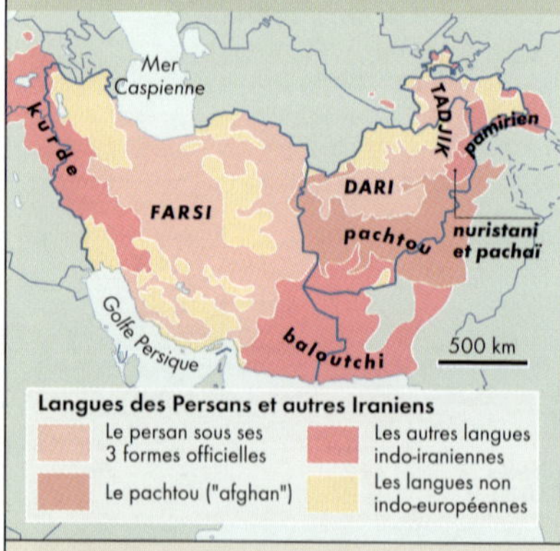

L'unité iranienne face aux minorités

La langue iranienne, sous ses trois appellations de *farsi*, *dari* et *tadjik*, est dotée d'une unité profonde et officielle. C'est l'une des rares langues ayant traversé trois millénaires tout en étant incarnée par le même peuple. Avec aujourd'hui 50 millions de locuteurs maternels dans trois États groupant 100 millions d'habitants, l'iranien est au nombre des quinze premières langues nationales de l'humanité. Et parmi les non-iranophones de ces trois États, beaucoup parlent des langues appartenant à la branche iranienne, comme le kurde, le pachtou et le baloutche. En se propageant hors des trois États, ces locuteurs contribuent aussi au rayonnement de l'iranien dans cette zone culturelle comprise entre les mondes turc, arabe, indien et chinois. Mais le jeu minoritaire maintient la permanence de certains conflits dont le plus important est celui des Kurdes, qui, pas plus en Iran qu'en Turquie, n'ont obtenu la reconnaissance de leurs droits.

L'Iran

En Iran, la langue nationale, le persan, dit *farsi*, est véhiculaire pour l'ensemble des 68 millions d'Iraniens, mais maternelle seulement pour 55 % d'entre eux, en incluant les 4 et 3 millions de Gilaki et de Mazandérani habitant les bords de la Caspienne, au nord de Téhéran. La première minorité est, au nord-ouest, celle des Turcs Azéris, représentant près du quart de la population, sans compter les autres peuples turcs, disséminés sur l'ensemble du territoire : Kachgars et Afchars au sud, Chahseven au centre, Qadjars et Turkmènes au nord-est, etc. À l'ouest, les Kurdes, indo-européens comme les Iraniens, représentent environ 9 % de la population en incluant les Lurs et les Bakhtiyari, qui parlent des dialectes méridionaux divergents. Enfin, les Arabes, dans le Khuzestan mésopotamien, le long du golfe Persique et dans les savanes de l'est, et les Baloutches, au sud-est, sont les dernières minorités ethniques notables. Sur le plan religieux, les Iraniens, à 99 % musulmans, adhèrent à 89 % au chiisme officiel, comme en principe la majorité des Persans, Azéris, Arabes et Kurdes du Sud ; mais les Kurdes du Nord et du Centre, ainsi que les Baloutches et les Turkmènes, sont sunnites. Enfin, subsistent trois petites minorités non musulmanes officiellement honorées : 400 000 chrétiens, en majorité arméniens et assyriens, 150 000 juifs et 50 000 mazdéens, surtout à Yezd, héritiers de l'antique religion perse de Zoroastre et dont les ancêtres n'avaient pas émigré en Inde.

> ***« Les langues turques (ouzbek et turkmène), le baloutche, le pachaï, le nuristani et le pamirien sont – en addition au pachtou et au dari – la troisième langue officielle dans les régions où la majorité les parlent. »***
> **CONSTITUTION D'AFGHANISTAN, 2004.**

Le Tadjikistan

Parmi les 7,2 millions d'habitants du Tadjikistan, les Tadjiks, depuis un demi-siècle, ont constamment accru leur majorité, passée de 53 à 63 %. Du fait, notamment, de la baisse de proportion des Russes, tombés de 13,3 à 7 % par leur moindre natalité et leur départ massif. À part eux, les deux seules minorités sont les 25 % d'Ouzbeks, dans les basses terres de l'ouest, et le 1 % de Kirghiz nomadisant dans le haut du Pamir. N'oublions pas les 2 % des ethnies des basses vallées du Pamir, parlant six dialectes pamiriens, proches du tadjik, pour lesquelles Moscou avait institué la région autonome du Haut-Badakhchan, maintenue après l'indépendance et dont la population, de rite ismaélien, très secourue par l'Agha-Khan, avait même revendiqué son État propre. Enfin, notons, à l'ouest, au cœur de la chaîne montagneuse, les dernières centaines de Yaghnobiens. Leur parler a survécu, depuis dix siècles, à la disparition du sogdien, indo-européen qui domina l'actuel Turkestan.

LES TROIS ÉTATS IRANOPHONES

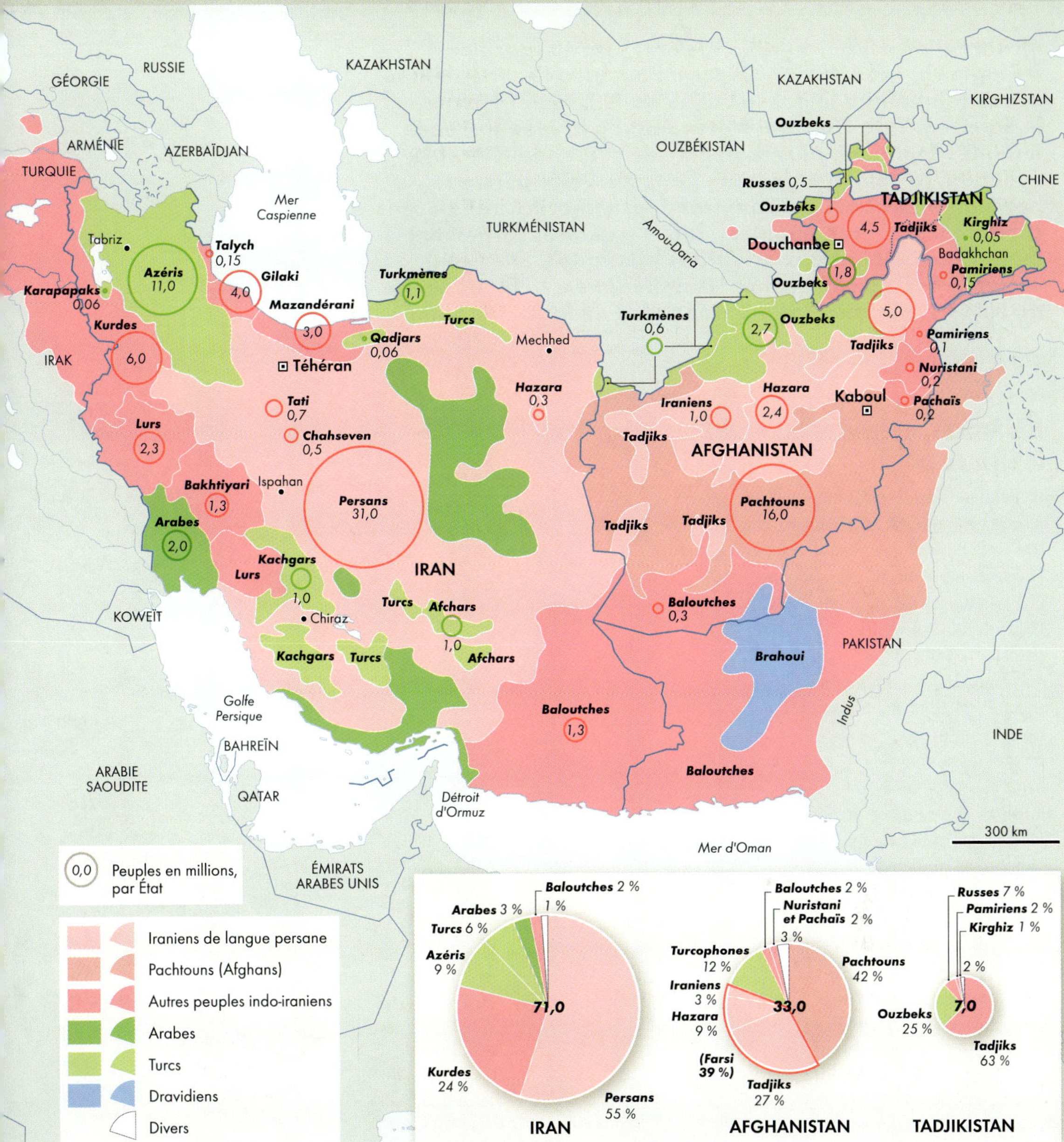

L'Afghanistan

L'Afghanistan est un pays bi-ethnique où les vrais Afghans, dits Pathans ou Pachtouns, sunnites, au parler iranien oriental, le pachtou, dominent dans tout l'est et le sud pastoral jusqu'à Kaboul et représentent environ 42 % de la population. Ils cohabitent avec les Tadjiks, chiites comme les Hazara, de langue persane, appelée ici *dari* (« langue de la cour »), qui représentent 27 % de la population. Le pachtou et le *dari* sont également officiels, mais le *dari*, écrit depuis longtemps et commun aux trois États, est beaucoup plus employé. Autour de cette majorité duale, gravitent les minorités périphériques : les turcophones, Ouzbeks et Turkmènes, dans les plaines du nord-est ; les Baloutches dans le semi-désert du sud ; les Nuristani et Pachaïs aux langues indo-aryennes dans le massif oriental, ancien Kafiristan ou pays des « infidèles » (*Kafirs*, ou Cafres). Dans l'extrême pointe du pays, s'avançant jusqu'à la Chine, on entend les parlers pamiriens, apparentés au tadjik.

Le Machreq

Machreq, en arabe, signifie « levant » par opposition à maghreb, « couchant ». Ce terme désigne l'est du monde arabe (englobant la basse vallée du Nil, avec l'Égypte et le Soudan), cinq États qui s'étendent de la Méditerranée à la Mésopotamie, plus la péninsule contenant l'Arabie saoudite, le Yémen et les cinq États du Golfe persique. La population arabe – qui comprend les minorités religieuses chrétiennes, chiites, sunnites, etc. – y est très largement majoritaire. Quant aux minorités ethniques, elles sont, à part Israël, essentiellement installées vers la haute vallée du Nil et sur la ceinture montagneuse de la Mésopotamie.

Les Arabes, une minorité le long du Golfe

La péninsule arabe était monolingue jusqu'à ce que l'activité pétrolière, entraînant un développement industriel et urbain, attire une immigration massive venue de pays arabes comme l'Égypte et la Palestine, mais aussi du Pakistan, d'Inde et des Philippines. Il s'agit surtout d'hommes seuls, dénommés *biduns*, séjournant temporairement, et dont beaucoup sont considérés comme des apatrides sans droit de résidence permanente. Ces millions d'étrangers réduisent les Arabes vivant le long du Golfe à une minorité de la population active.

Sur le plan religieux, hors les étrangers (hindous ou chrétiens), l'islam reste majoritaire sous différentes formes – wahhabite en Arabie saoudite, ibadite en Oman (avec 25 % de sunnites) – ou se répartit entre chiites et sunnites, généralement majoritaires, sauf à Bahreïn où ce sont les chiites (70 %) qui dominent, et au Yémen où l'équilibre règne.

GÉOGRAPHIE DES MINORITÉS DU MACHREQ

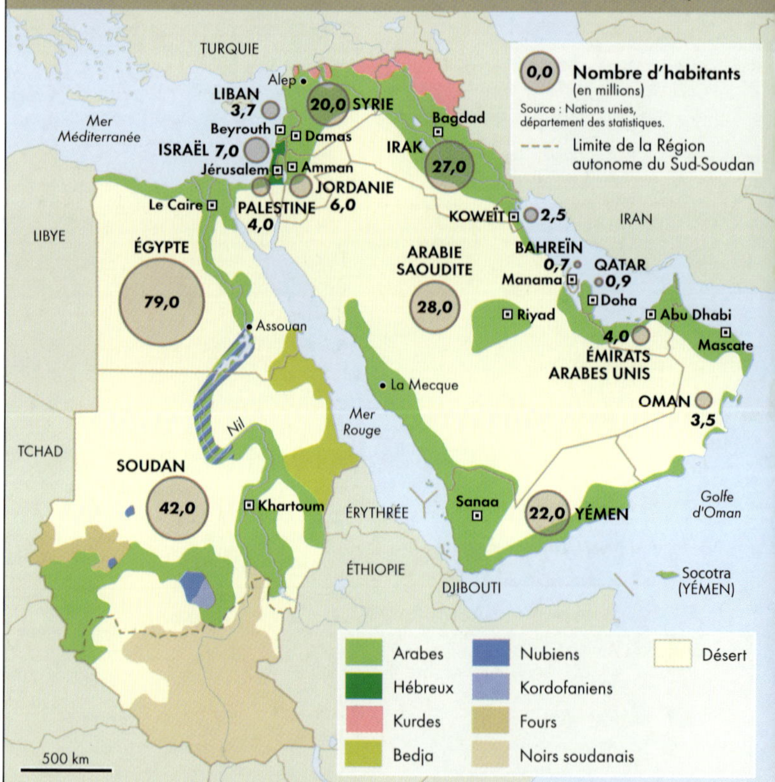

> **« *La patrie des Arabes est le territoire qu'habite la nation arabe et qui se situe entre les montagnes du Taurus et de Bastakwey, le golfe de Bassora, la mer d'Arabie, les montagnes d'Éthiopie, le Sahara, l'Atlantique et la Méditerranée.** »*

La population égyptienne

En Égypte, les Coptes, descendants des Égyptiens antiques christianisés, sont devenus arabophones à partir du XIIe siècle. Leur nombre, estimé officiellement à 4 % de la population égyptienne, soit 3 millions, approche plus probablement de 12 % de la population. Les Nubiens occupent, à côté des arabophones, la vallée du haut Nil et parlent une langue nilo-saharienne. À Alexandrie vivent de nombreux Grecs et d'autres Européens.

Méditerranée et Mésopotamie : une mosaïque

Dans le nord du Machreq, une fraction du peuple kurde représente 20 % des habitants de l'Irak et 6 % de ceux de la Syrie. À côté d'eux, s'étendent de petits groupes d'Arméniens (près d'1 million en Syrie) descendant de ceux qui ont survécu à l'exode de 1915, de très anciens noyaux d'Assyriens chrétiens parlant le syriaque ou le vieil araméen, et des îlots de Turkmènes et de Tcherkesses musulmans.

LES MINORITÉS EN ÉGYPTE ET AU SOUDAN

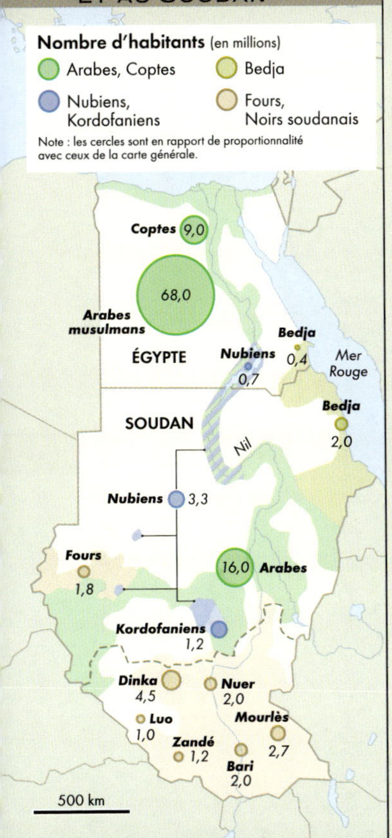

DE LA MER MÉDITERRANÉE AU GOLFE D'OMAN

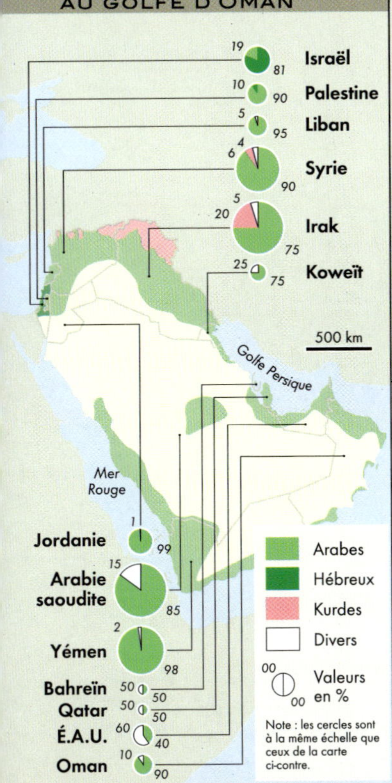

Soudan, « bled el Sudan », pays des Noirs

Au Soudan, les Arabes, minoritaires, sont concentrés dans la vallée du Nil ou nomadisent dans le désert. Quatre peuples cohabitent avec eux dans le nord et adhèrent, eux aussi, à l'islam sunnite. Ce sont les Nubiens, ou Nuba, de langue nilo-saharienne, vivant avec les arabophones dans la partie nord de la vallée du Nil et dans les trois blocs montagneux du désert ; les Bedja, de langue couchitique, qui nomadisent entre le Nil et la mer Rouge ; enfin, deux ethnies montagnardes parlant d'autres langues nilo-sahariennes : les Kordofaniens, partageant avec les Nubiens les massifs du Kordofan et des monts Nuba, et les Fours ou Foriens, du massif du Darfour, victimes, depuis 1990, d'une violente oppression du gouvernement et des milices arabes. Ce conflit a engendré un exode vers le Tchad, suscitant un affrontement entre les deux pays et une intervention de l'Union africaine et de l'ONU avec un cessez-le-feu en 2005. Conflit qui a fait 300 000 morts et déplacé 2,4 millions de personnes.

Le reste de la population (42 %) est composé des tribus noires du Sud-Soudan, parlant des langues nilo-sahariennes et restées animistes ou christianisées. Unies autour des Dinka, combattant pour l'autonomie, en 1955-1972, dans le Front de libération de l'Anya-Nya, et, de 1991 à 2005, dans l'Armée populaire de libération du Soudan, elles ont obtenu en 2005 que leur leader soit vice-président du Soudan et qu'un référendum sur l'autodétermination du Sud-Soudan soit organisé en 2011.

LE PARTAGE POLITIQUE DU MOYEN-ORIENT

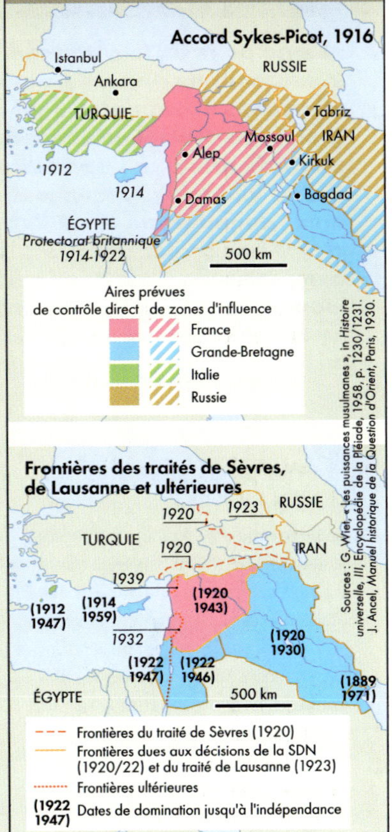

Sources : G. Wiet, « Les puissances musulmanes », in Histoire universelle, III, Encyclopédie de la Pléiade, 1958, p. 1230/1231. J. Ancel, Manuel historique de la Question d'Orient, Paris, 1930.

La nation arabe ?

Alors que les unités nationales, italienne, allemande, polonaise ou balkaniques ont été saluées aux XIXe et XXe siècles, l'unité de la nation arabe voulue par la grande révolte arabe de 1916 comme par Nasser, a été contrecarrée par les impérialismes occidentaux qui se sont acharnés à maintenir le monde arabe divisé en un maximum d'États, plus ou moins dépendants, permettant aux compagnies pétrolières de faire de beaux profits.

COMPOSITION ETHNIQUE DE L'ÉGYPTE ET DU SOUDAN

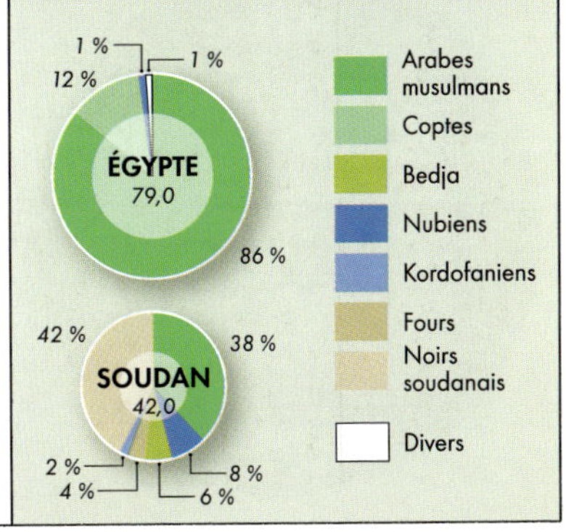

SYRIE, LIBAN, PALESTINE, JORDANIE, IS

Les cinq pays de la côte méditerranéenne du Machreq présentent une diversité particulière des communautés religieuses et ethniques, qui a généré l'existence de certains États. Cette diversité est d'abord due, dans le monde arabe, à l'opposition sunnisme/chiisme, mais aussi à une forte présence du christianisme. De plus, le retour du judaïsme et de l'ethnie hébraïque y a engendré un État non arabe en 1949 : Israël. Situation non seulement exceptionnelle mais particulièrement critique, puisque l'apparition de cet État a entraîné des déplacements humains massifs et un conflit international non résolu qui reste l'un des plus dramatiques au début du XXIe siècle.

Un éventail de minorités

Le complexe varié de minorités ethniques et religieuses de la côte méditerranéenne a légitimé, après la chute de l'empire ottoman, puis la fin des mandats de la SDN, son découpage en quatre États par les mandataires français – Syrie et Liban – et anglais – Palestine et Transjordanie. Ainsi naquit le Liban, seul pays du monde arabe où les chrétiens étaient majoritaires et l'une des rares régions arabes où les chiites peuvent surclasser les sunnites. La côte syrienne, quant à elle, est dominée par les chiites nusayrieh, dits alaouites, qui ont pris une place très importante dans de nombreux secteurs clés économiques, administratifs et militaires, jusqu'à la tête de l'État syrien. À cheval sur la Syrie et le Liban, survit aussi l'îlot druze. Enfin, le retour massif des Juifs en Palestine y a réintroduit les anciennes religion et langue, et la création de l'État d'Israël y a rendu très minoritaires les musulmans et les Arabes quelle que soit leur religion.

> “ *La Chambre des députés est élue sur une base égalitaire entre les musulmans et les chrétiens[...]. La règle de la représentation confessionnelle est supprimée.*
> ART. 95, CONSTITUTION LIBANAISE, PROMULGUÉE LE 21 SEPTEMBRE 1990. ”

LES MINORITÉS RELIGIEUSES

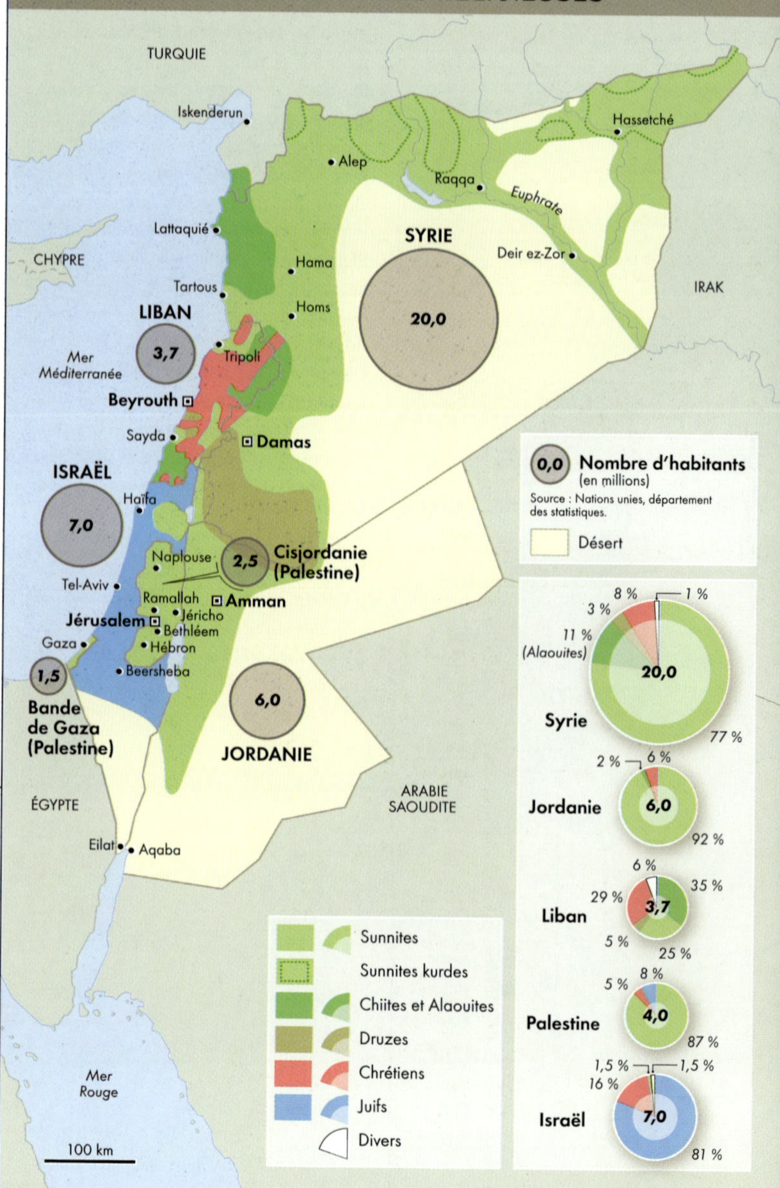

RAËL

Le Liban, un pays majoritairement musulman

Le Liban, État créé par la France en 1920, est caractérisé par un grand nombre de communautés religieuses, cohabitant depuis des siècles. L'objectif de la France était de dessiner un Grand Liban englobant, sous la prépondérance des maronites, le plus de minorités possible. La Constitution reconnaît quinze communautés et la carte d'identité de chaque individu mentionne la sienne. Les six plus grandes communautés se répartissent le pouvoir en fonction du Pacte national de 1943 qui fixe l'appartenance des principaux personnages de l'État (président de la République maronite, président du Conseil sunnite, etc.), ainsi que le nombre des sièges du Parlement, en fonction du pourcentage reconnu alors de chaque communauté. Ces chiffres donnent donc 47,5 % de sièges aux chrétiens, répartis entre catholiques maronites, grecs orthodoxes et catholiques grecs ; et 45,5 % aux musulmans (20,5 % de sunnites, 18,5 % de chiites et 6,5 % de druzes). L'éloignement des druzes de l'islam peut ne laisser aux véritables musulmans qu'un total de 39 %. Les neuf communautés mineures, en majorité chrétiennes, représentent simplement 7 % de la population. Mais ces pourcentages, datant du recensement de 1943, sont dans les faits dépassés et le rapport majorité/minorité s'est même inversé depuis. Dès 1975, les musulmans étaient majoritaires (57 %) et, en 2005, on estimait que les musulmans représentaient 60 % (35 % de chiites et 25 % de sunnites) de la population face à 39 % de chrétiens, dont 20 % de maronites. Le Liban serait donc devenu un pays à large majorité musulmane. Les trois premières communautés ne sont plus, dans l'ordre, les maronites, les sunnites et les chiites, mais les chiites, les sunnites et les maronites. Inversion due à des comportements démographiques distincts, notamment dans la natalité, mais aussi à des capacités d'émigration ouvertes surtout aux chrétiens, largement majoritaires sur les douze millions de Libanais émigrés : 2,5 millions en Amérique du Nord, près de 6 millions au Brésil...

LA DISPERSION DES PALESTINIENS

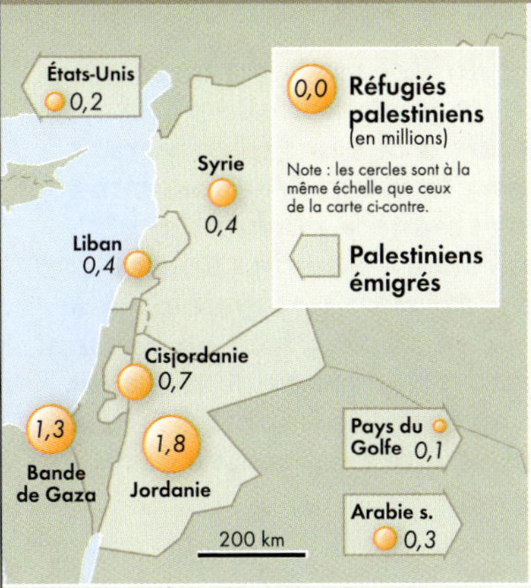

Réfugiés palestiniens pris en charge par l'UNRWA, en camps et hors des camps

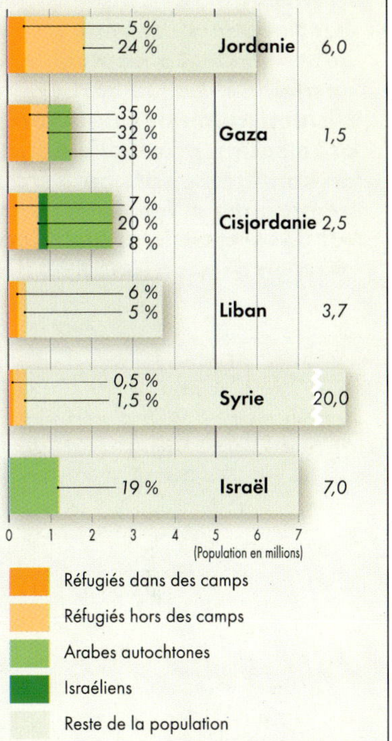

Évolution du nombre des réfugiés palestiniens entre 1955 et 2005

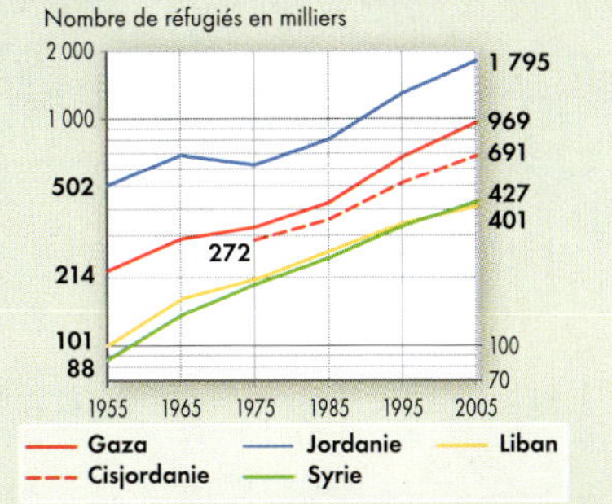

Source : UNRWA (United Nations Relief and Works Agency for Palestine Refugees in the Near East) 2005, chiffres publiés en 2006.

RAPPORT MAJORITÉ/MINORITÉ AU LIBAN

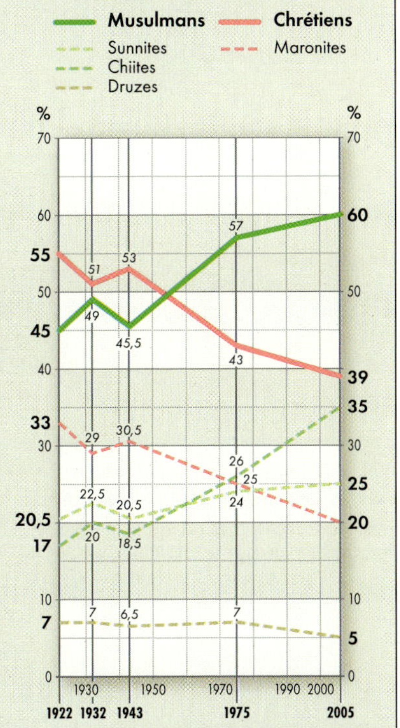

Sources : recensements de 1922, 1932 et 1943, estimations courantes de 1975 et 2005.

Dix millions de Palestiniens ?

En 1947, le partage de la Palestine en deux États – un arabe et un juif – entraîne en 1948 l'indépendance d'Israël, déclenchant les guerres israélo-arabe de 1948-1949, 1956, 1967, 1973 et les soulèvements (*intifadas*) de 1987 et 1999. Ces conflits ont empêché la délimitation d'un État pour les Palestiniens, peuple le plus éclaté au monde. Division d'abord territoriale, puisque 3,6 millions d'autochtones résident en Cisjordanie et à Gaza. Division humaine aussi, puisqu'on recense quatre millions de réfugiés descendant des réfugiés de 1947, administrés par l'UNWRA en Palestine et dans les pays arabes voisins, dont le tiers vit encore dans des camps. S'ajoutent aussi 1,4 million de descendants des Arabes n'ayant pas fui Israël en 1947 (19 % de la population d'Israël), devenus citoyens israéliens « musulmans », « chrétiens » ou « druzes » ; sans oublier les Palestiniens (1,1 million) ayant migré dans le Golfe et aux États-Unis.

Le Maghreb

Les cinq pays constituant le Maghreb ont en commun la langue arabe, partout officielle et maternelle pour la majorité de la population, mais à des degrés divers. Car l'arabe n'est venu ici qu'avec la conquête musulmane, au VIIe siècle. La population autochtone y parlait depuis des millénaires le berbère, « barbare » pour les Romains. L'islamisation des populations s'est accompagnée de leur arabisation graduelle au cours des siècles, tout en laissant de nombreux îlots berbérophones, par exemple dans les montagnes et les oasis. Dans ces États, le peuple berbère est désormais la seule minorité et que l'on trouve partout, mais en proportions très diverses.

Le Maghreb et ses minorités berbères

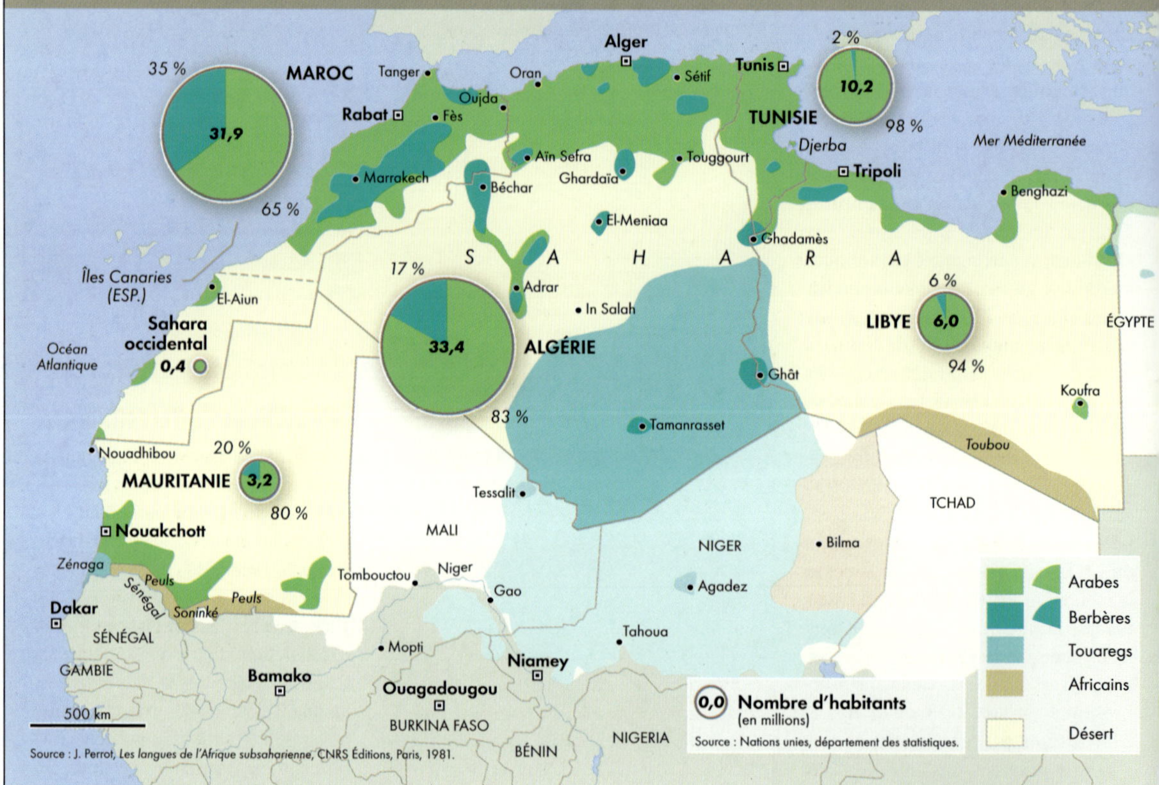

Source : J. Perrot, *Les langues de l'Afrique subsaharienne*, CNRS Éditions, Paris, 1981.
Source : Nations unies, département des statistiques.

Les descendants de Sem et de Cham

Les deux fils de Noé, Sem et Cham, ont eu pour descendants les Sémites du Moyen-Orient et les Chamites d'Afrique, d'où la double famille des langues *chamito-sémitiques* appelées aujourd'hui *afro-asiatiques*. Les Berbères sont les seuls survivants de la nappe antique des peuples chamitiques, submergés, comme le copte égyptien, par la langue de l'islam, appartenant à la branche sémitique, d'Arabie et du nord de l'Éthiopie, distincte des branches omotique du sud de l'Éthiopie, couchitique de Somalie et tchadique au sud du Sahara.

« ***Le tamazight est également langue nationale. L'État œuvre à sa promotion et à son développement dans toutes ses variétés linguistiques en usage sur le territoire national.*** »

Art. 3 *bis*, ajout à la Constitution de l'Algérie, Abdelaziz Bouteflika, 2002.

Les Berbères, une « minorité » de 17 millions de membres

Les Berbères ont depuis longtemps animé, au Maroc comme en Algérie, un mouvement demandant la reconnaissance de leur existence et l'usage de leur langue. Ce que ni l'administration française ni celle des deux États n'ont accepté aisément. Mais finalement, en 1994, le roi du Maroc a accepté l'enseignement de cette langue et, en Algérie, en 2002, elle a été désignée dans la Constitution comme langue nationale à côté de l'arabe, qui reste la seule langue officielle. Son enseignement demeure problématique.
Un accord a été trouvé pour nommer partout la langue berbère le tamazight et les Berbères le peuple Imazighen. Les Touaregs utilisent leur propre version de cette langue, le tamacheq. Reste à décider d'un alphabet commun. Ce sera peut-être le latin, plus accessible de l'extérieur que le tifinagh ou l'arabe. Les Berbères ont encore beaucoup à faire pour obtenir la pleine reconnaissance de ce peuple, l'une des trois minorités les plus importantes avec les peuples kurde et kichua.

LES PEUPLES AFRO-ASIATIQUES

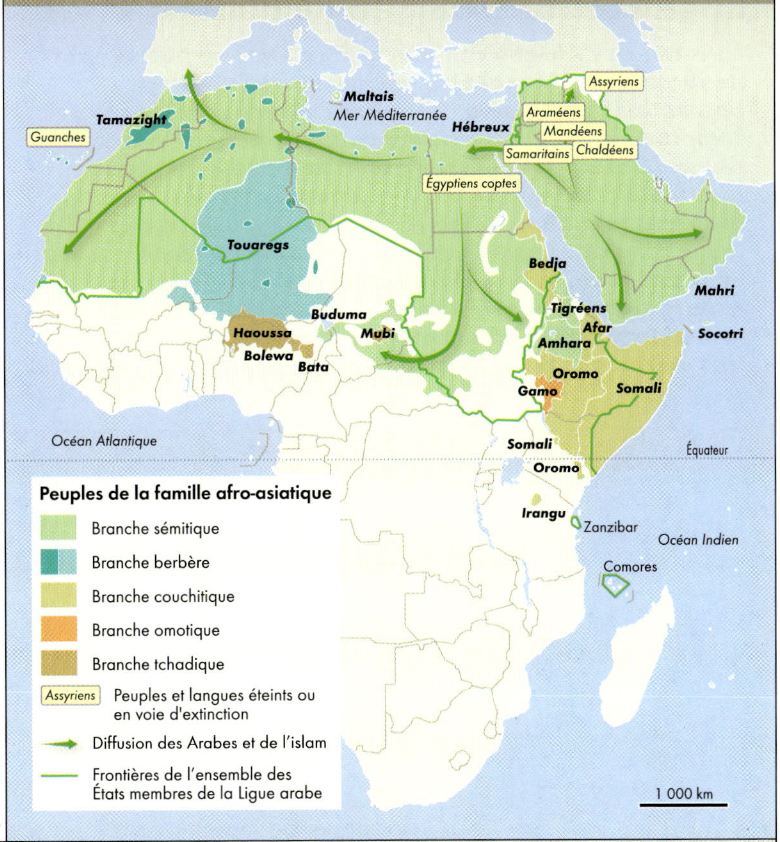

Minorités berbères, d'un bout à l'autre du Maghreb

LIBYE. En grande majorité désertique, avec une population limitée à la côte et à quelques oasis, la Libye est arabisée à 94 %. La présence berbère y est limitée à 350 000 personnes, situées dans l'arrière-pays de Tripoli et dans quelques oasis, entre la frontière égyptienne et celle de l'Algérie.

TUNISIE. La Tunisie est le pays du Maghreb le plus arabisé (98 %). Ses 150 000 Berbères n'y survivent que dans l'île de Djerba et dans quelques monts et oasis de l'extrême sud.

ALGÉRIE. En Algérie la présence de 5,5 millions de Berbères, bien que disséminés entre montagnes et oasis, est très sensible. Trois principaux groupes cohabitent. Les Kabyles, présents surtout dans le fort massif côtier de la Grande Kabylie, entre Alger et Annaba, sont morcelés en groupes répartis entre les plus petites chaînes de la Petite Kabylie, à l'ouest d'Alger. Ils ont constitué le principal élément du prolétariat algérien migrant vers la France. Les Chaouia des monts Aurès résident au sud-est d'Annaba vers les portes du Sahara et les Mozabites ne cessent de rayonner comme commerçants à travers tout le pays et au-delà. Pour avoir adhéré au kharidjisme, rigoriste et puritain, ils furent rejetés dans le désert, où, au XIe siècle, ils fondèrent les cinq villes des oasis du Mzab. D'autres Berbères sont aussi disséminés plus au sud, dans des oasis du Sahara. Les Touaregs, localisés dans tout le sud-est du Sahara, où ils nomadisent des plaines aux montagnes, entre l'Atlas et le fleuve Niger, font également partie de l'ensemble berbère. Ils ont conservé depuis l'Antiquité une version de la langue berbère écrite en caractères tifinagh, ou libyco-berbère, d'inspiration phénicienne.

MAROC. C'est au Maroc que les Berbères sont restés les plus nombreux : 10,8 millions, soit le tiers de la population. Ils peuplent les deux massifs montagneux : un bon tiers du Rif, au nord, et la plupart des chaînes et des piémonts de l'Atlas, au sud. D'où une distinction entre Rifains, Beraber ou Tamazight du Moyen Atlas et Chleuh du sud presque saharien. Il faut aussi compter une présence berbère, temporaire ou permanente, dans toutes les villes où il y a de l'emploi ainsi que de l'autre côté de la Méditerranée.

MAURITANIE. Pays historique des Maures, elle est réputée pour avoir fourni les troupes nécessaires à la conquête arabe de l'Espagne et le terme « maure » a longtemps qualifié les mercenaires noirs agents de cette domination. Aujourd'hui, les autochtones sont presque tous arabophones et de type physique blanc, comme le reste des Maghrébins. En revanche, les rives du fleuve Sénégal faisant frontière avec l'État du même nom sont peuplées d'Africains noirs qui forment maintenant 20 % de la population mauritanienne, à côté des 25 000 bédouins Zenaga, seul îlot berbérophone du pays, soit moins de 1 % de sa population.

LA CORNE DE L'AFRIQUE

La corne de l'Afrique contient quatre États se partageant de façon assez inégale les mêmes et très diverses populations : l'Éthiopie, « pays des visages brûlés », compte environ quatre-vingts peuples, l'Érythrée moins d'une dizaine, Djibouti deux et la Somalie n'en abrite qu'un seul. Cette population relève surtout des trois branches méridionales de la famille afro-asiatique : la branche sémitique domine en Éthiopie du Nord et en Érythrée, la branche couchitique dans le centre et l'est de la corne, et le petit rameau omotique dans le sud de l'Éthiopie. Sans oublier la présence frontalière, très marginale, de peuples du Soudan et de l'Afrique noire.

COMPOSITION ETHNIQUE DE LA CORNE

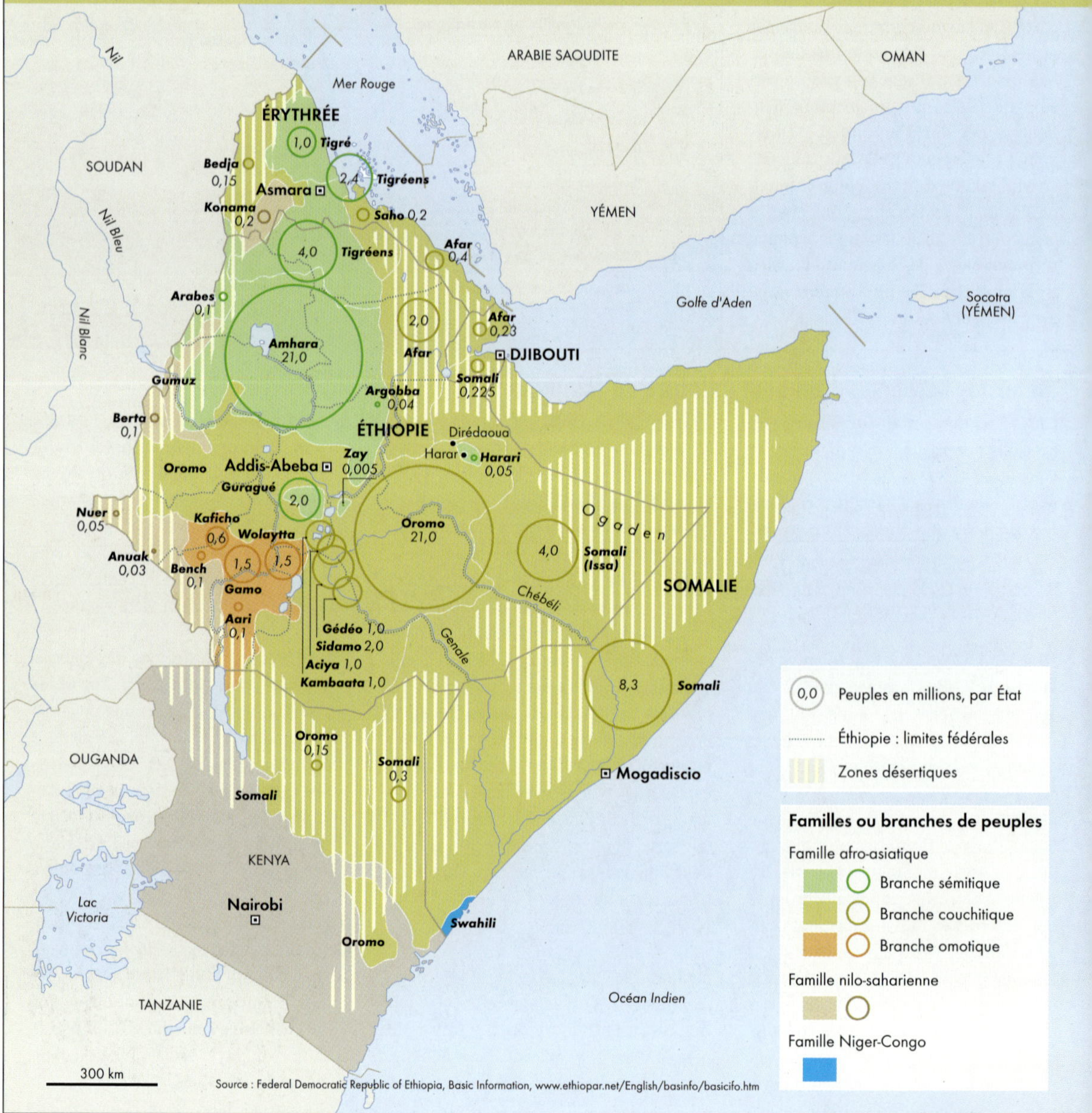

Source : Federal Democratic Republic of Ethiopia, Basic Information, www.ethiopar.net/English/basinfo/basicifo.htm

Indépendances, guerres et Constitutions

ÉRYTHRÉE. L'Érythrée, ancienne colonie italienne rattachée en 1950 à l'Éthiopie, refusa l'annexion en 1962 et, après une longue résistance armée, obtint de l'ONU un référendum lui donnant l'indépendance en 1993. Mais en 1998-2000, elle subit l'agression de l'Éthiopie dans une guerre qui a causé le déplacement de 1,3 million de personnes.
Sa population est surtout divisée en deux peuples frères, les Tigréens, parlant le tigrinya, et les Tigré, parlant le tigré : deux langues sémitiques voisines s'écrivant en alphabet guèze comme l'amhara d'Éthiopie. Mais les Tigréens sont de religion copte et les Tigré plutôt musulmans, comme les autres peuples minoritaires de la côte. Même si toutes les langues autochtones sont reconnues comme « nationales », les langues du travail sont le tigrinya, l'arabe et l'anglais.

ÉTHIOPIE. L'Éthiopie, qui a adopté le christianisme copte au IVe siècle, est l'héritière du royaume de Saba du XIe siècle avant notre ère et de celui d'Aksoum, fondé au Ier siècle de notre ère. Le dernier négus ou « roi des rois » a été renversé en 1975.
La république est, entre 1977 et 1988, attaquée par la Somalie qui revendique l'Ogaden. En 1994, elle devient fédérale. Elle compte alors huit États à base ethnique : Tigré (tigrinya), Amhara, Afar, Somalie, Oromie, « Peuples du Sud », Beni-Shangul et Gambella, plus trois villes à charte : Addis-Abeba, Harrar et Dirédawa.
Toutes les langues éthiopiennes jouissent d'une reconnaissance égale de l'État, tandis que l'amharique cesse d'être officiel pour devenir la langue du travail du gouvernement fédéral et que chaque gouvernement membre de la Fédération choisit sa ou ses langues de travail.
« Toute ethnie, toute nationalité et tout citoyen éthiopien a un droit inconditionnel à l'autodétermination, incluant le droit à la sécession. » Avec cette reconnaissance du droit à l'autonomie et à l'autodétermination, la Constitution interdit toute discrimination « basée sur des motifs de race, d'ethnie, de nationalité ou d'autre origine sociale, de couleur, de sexe, de langue, de religion, d'opinion politique ou autre, de propriété, de naissance ou d'un autre statut ». Dans ce pays où l'on compte environ quatre-vingts ethnies, on peut donc affirmer que les minorités, formellement, ne sont plus menacées et devraient cohabiter beaucoup plus aisément que par le passé.

SOMALIE. La Somalie, un des rares États uninationaux d'Afrique, provient de l'union en 1960 de deux colonies, la Somalie italienne et le Somaliland britannique. De 1977 à 1988, elle attaque l'Éthiopie pour annexer la province d'Ogaden et, en 1992, sombre dans un chaos général aboutissant à l'écroulement de l'État, qui cesse alors d'être représenté à l'étranger.
En 1979, la Somalie se donne deux langues officielles : le somali, écrit en caractères latins, et l'arabe « qui unit le peuple de Somalie avec la nation arabe dont il fait partie intégrante » (car la Somalie a adhéré en 1974 à la Ligue arabe). De fait, 95 % des habitants sont ethniquement des Somali mais on ne dénombre que 73 % de locuteurs réels du somali ; 17 % parlent des variétés d'afar, 10 % des dialectes du Sud et 5 % l'arabe, le swahili, etc.

DJIBOUTI. La république de Djibouti, ex-Côte française des Somalis, devenue en 1967 le Territoire français des Afars et des Issas, exprimant la dualité entre Danakil (Afar) et Somali (Issa), obtient en 1977 l'indépendance et adhère à la Ligue arabe.
La Constitution de 1992 instaure deux langues officielles, l'arabe et le français, mais les langues nationales sont l'arabe, l'afar et le somali. Elle interdit aux partis politiques de s'identifier à une race, à une ethnie, à une langue ou à une région, et stipule que « l'éducation et la formation sont dispensées dans les langues officielles et dans les langues nationales ». Le français domine donc encore dans l'administration et l'enseignement. Entre les 46,2 % d'Afar et les 44,8 % de Somali, on ne peut dire lesquels sont majoritaires, à moins de les mettre en regard des 7 % d'Arabes et des 2 % de Français.

PEUPLES MAJORITAIRES ICI, MINORITAIRES LÀ

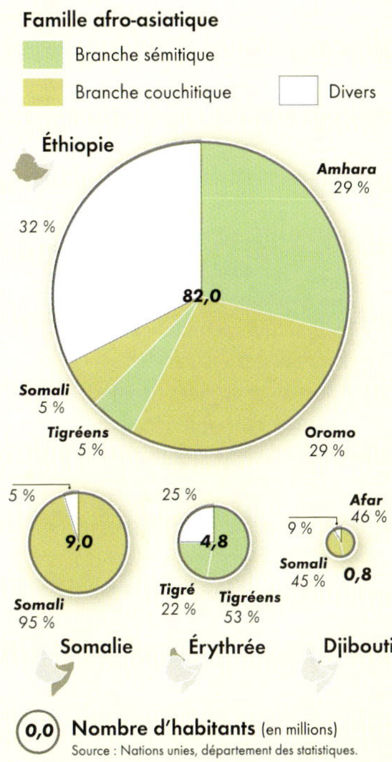

Source : Nations unies, département des statistiques.

Note : les cercles sont en rapport de proportionnalité avec ceux de la carte ci-contre.

> ***1. Chaque nation, nationalité et peuple en Éthiopie a le droit inconditionnel à l'autodétermination, y compris le droit de sécession.***
> ***2. Chaque nation, nationalité et peuple en Éthiopie a le droit de parler, d'écrire et de développer sa propre langue.****

L'AFRIQUE DE L'OUEST

Les États d'Afrique noire présentent, d'un bout à l'autre de ce sous-continent, de sensibles traits communs quant aux caractéristiques générales du jeu majorité/minorités. La très ancienne complexité ethnolinguistique de la société africaine suscite un grand nombre de minorités. Le récent découpage en États répondant à de tout autres facteurs a complexifié la donne : si les minorités sont très nombreuses, la présence d'une majorité dominante y est exceptionnelle. Si l'ensemble de l'Afrique noire répond à ce schéma, les quinze États d'Afrique occidentale illustrent presque tous cette réalité profonde.

L'Afrique noire, une terre de minorités

En Afrique noire, la présence d'une majorité dominante au sein d'un État est tout à fait exceptionnelle et, la plupart du temps, chaque État n'y est composé que de minorités. La structure ethnique du monde africain est rendue extrêmement complexe par plusieurs grandes familles linguistiques, subdivisées en de multiples branches et rameaux descendant jusqu'à des tribus de petite taille, écartelées en communautés ethnolinguistiques distinctes, même si elles partagent des situations culturelles et économiques semblables.

DES MINORITÉS ETHNIQUES NÉES D'UN DÉCOUPAGE ARBITRAIRE. Les puissances impériales n'ont tenu aucun compte de cette multiplicité ethnique lors du partage de l'Afrique en territoires dépendants. Au moment de la décolonisation, chaque territoire qui accédait à l'indépendance a dû observer la devise *Uti possidetis* (« Utilisez ce que vous possédez »), édictée lors de la division de l'Amérique latine. Cette devise interdisait au nouvel État de remettre en cause les frontières héritées du passé et l'empêchait ainsi d'invoquer des raisons fondées sur de quelconques particularités locales pour réajuster le découpage géopolitique.
Chaque État a donc une population très diverse et, parmi le grand nombre de ses communautés, très rares sont celles atteignant la majorité absolue. On peut même dire que les communautés ayant servi de base à la création d'un territoire devenu État sont exceptionnelles. Parmi la quarantaine d'États d'Afrique noire continentale, seuls cinq (Lesotho, Swaziland, Botswana, Burundi et Rwanda) portent le nom d'un peuple. Ainsi l'opposition majorité/minorités est très difficile à cerner dans des États dont l'unité nationale n'est pas construite autour d'un peuple préexistant, mais sur un territoire au dessin fixé une fois pour toutes par l'ancien colonisateur.

DES TERRITOIRES SANS MAJORITÉ. En Afrique, la question minoritaire n'engendre pas, en général, d'hostilités entre les différentes parties de la population car presque toutes sont à la fois minoritaires, autochtones et transfrontalières. Ces minorités, considérables en poids démographique, n'ont pas à affronter une position majoritaire dominante qui pourrait tendre à les écraser, même s'il faut compter sur la volonté de chaque État de sauvegarder son unité. Ainsi, le gouvernement fédéral du Nigeria s'est opposé au mouvement sécessionniste des Ibo, lors de la guerre du Biafra.

DES MINORITÉS RELIGIEUSES AUSSI. Enfin, si très peu de troubles ont pu émaner de minorités ethniques, encore moins auraient pu naître de minorités religieuses. Car si l'Afrique noire, en majorité animiste originellement, a subi depuis des siècles la pénétration graduelle de l'islam puis celle du christianisme, le partage qui en résulte dans la population, très variable suivant les communautés et toujours en évolution, n'a jamais entraîné une lutte quelconque entre majorité et minorités, qui se côtoient partout dans un respect mutuel, proclamé et accepté.

D'où viennent les troubles ?

En Afrique noire, l'absence quasi générale de systèmes démocratiques réguliers et fonctionnels fait que les masses se dressent constamment contre les élites politiques dirigeantes corrompues, qui détournent à leur profit les revenus des exportations comme l'aide internationale et se contentent de laisser les ONG agir seules hors de la capitale. Ce qui entraîne des troubles permanents et parfois violents.

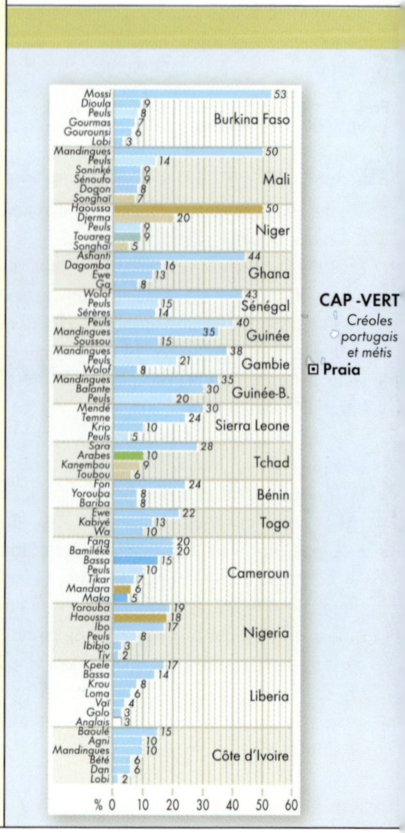

L'Afrique de l'Ouest

Parmi les dix-sept États de l'Afrique de l'Ouest, un seul n'a pas de minorités, celui du Cap-Vert, où la population est essentiellement créole, afro-portugaise. Trois États au nord, le Mali, le Niger et le Burkina Faso, ont une majorité atteignant de justesse 50 ou 53 % de la population. Au Ghana et au Sénégal, le peuple le plus important rassemble entre 40 et 50 % de la population tandis qu'en Guinée, en Gambie, en Guinée-Bissau et en Sierra Leone, il oscille entre 30 et 40 %. Dans les sept autres États, le peuple le plus nombreux est difficilement considéré comme « majoritaire » car il n'atteint même pas le tiers de la population. N'oublions pas les nombreux peuples qui s'étendent au-delà des frontières, majoritaires ici et minoritaires là, tels les Peuls, les Mandingues, les Haoussa, les Yorouba, les Fang, etc.

Ainsi le problème de l'aménagement des structures politiques en fonction de la diversité ethnoculturelle est aussi répandu que délicat à résoudre. Faute de moyens financiers suffisants pour un développement culturel diversifié, la solution pratique a été d'édicter, dans les Constitutions et les codes, les principes de tolérance et de non-discrimination entre origines ethniques, raciales, linguistiques, comme entre sexes, âge et fortune… Il a aussi été décidé de prolonger indéfiniment le rôle « officiel » de la langue héritée de la colonisation, tout en proclamant « nationales » soit l'ensemble des langues du pays – ce qui n'engage à rien –, soit un petit nombre d'entre elles, mais sans en favoriser aucune. Car c'est peut-être en privilégiant quelques rares langues que l'on amènerait une sensible prééminence entre majoritaires et minoritaires.

LA RÉPARTITION GÉOGRAPHIQUE DES PEULS

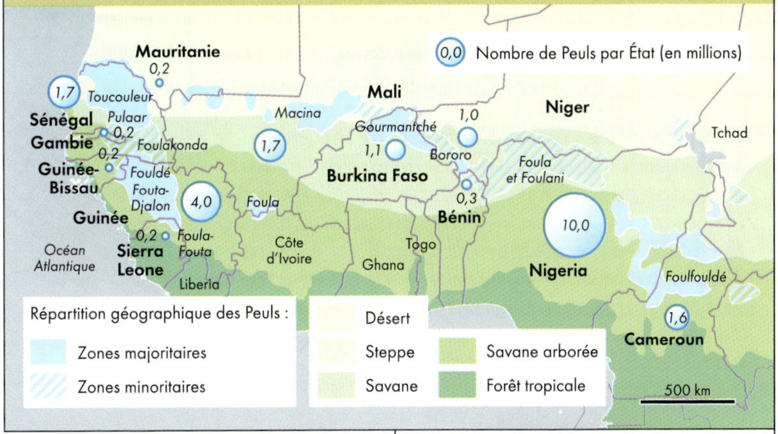

> ***Le travail de l'Assemblée nationale sera mené en anglais et en haoussa, ibo et yorouba.***
>
> **CONSTITUTION DE LA RÉPUBLIQUE FÉDÉRALE DU NIGERIA, 1999.**

LES PEUPLES DE L'AFRIQUE DE L'OUEST

L'AFRIQUE ÉQUATORIALE

L'Afrique équatoriale illustre cette diversité africaine fondamentale où, à de rares exceptions près, les nombreuses minorités dépassent en poids démographique celui du peuple numériquement majoritaire mais non dominant. On a pu parfois qualifier, à tort, d'ethniques des conflits entre classes sociales d'un même peuple, tels ceux du Rwanda et du Burundi. Les aspirations minoritaires, rarement invoquées, ont pu – au Congo-Zaïre par exemple – essentiellement être inventées et manipulées par les ambitions de groupes politiques, de personnalités, comme d'intérêts économiques, aussi bien locaux qu'étrangers.

PANORAMA DES MINORITÉS D'AFRIQUE ÉQUATORIALE

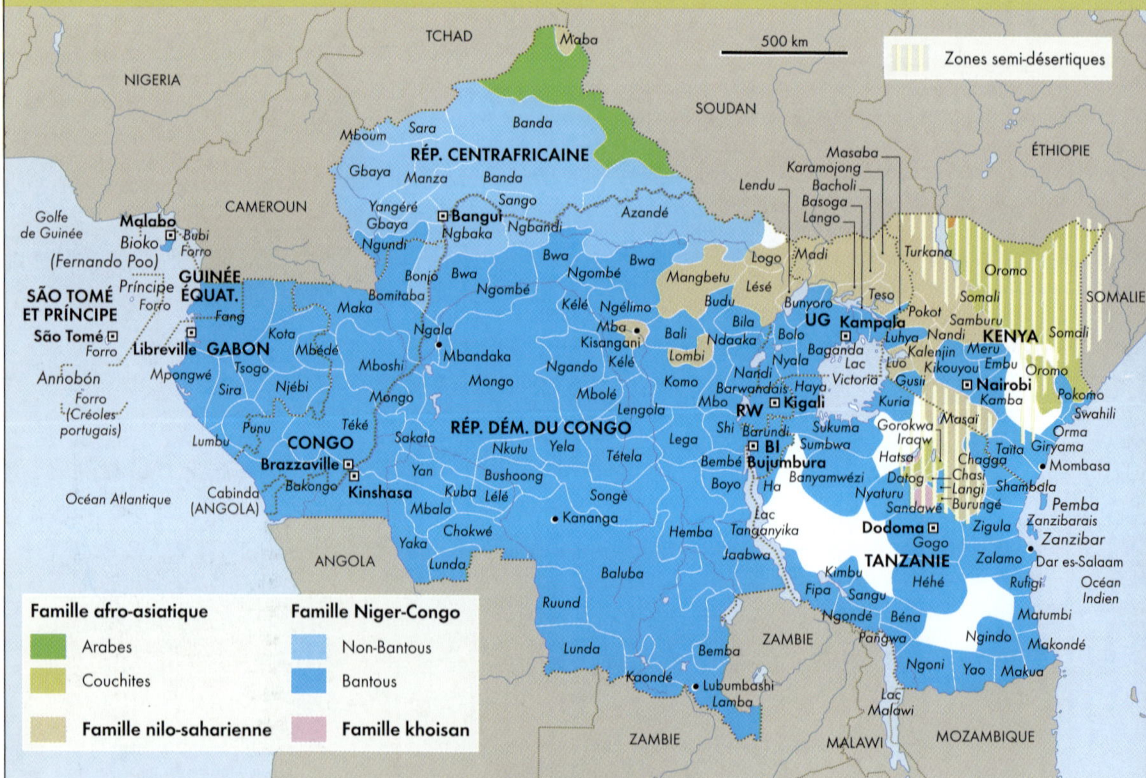

> ***• Les langues nationales sont le kikongo, le lingala, le swahili et le tshiluba.***
> ***• La langue officielle est le français.***
>
> CONSTITUTION DE LA RÉPUBLIQUE DÉMOCRATIQUE DU CONGO, 2003.

Des États multiethniques

UNE DIVERSITÉ ETHNIQUE EXTRÊME. L'Afrique équatoriale répète, dans près de la moitié de ses onze États, des situations de diversité ethnique extrême, mettant toutes les populations au niveau de minorités. Des exceptions existent tout de même. Les autochtones des îles du Cap-Vert comme ceux de Bioko et de Principe, anciennes colonies portugaises, ont, sinon disparu englobés dans une population métissée parlant un créole portugais, du moins été réduits à 10 % de la population. En revanche, la Guinée équatoriale, anciennement espagnole, voit les anciens indigènes – continentaux ou insulaires – représenter respectivement 80 et 10 % de la population. Ainsi, certains États abritent une réelle majorité.

ETHNIES OU COUCHES SOCIALES ? Les deux autres exceptions sont les États du Rwanda et du Burundi. Issus de deux peuples très proches, les Rwandais et les Barundi, et parlant deux variétés d'une même langue, ils sont divisés pareillement en trois groupes sociaux superposés : celui, très majoritaire (à 90 et 85 %), des agriculteurs hutu, de type physique négroïde ; celui minoritaire (à 10 et 14 %) des éleveurs et cadres traditionnels tutsi, réputés venir du haut Nil, à la peau plus claire et à la taille plus élancée ; et enfin, celui, encore plus minoritaire (à environ 1 %), des Twa, pygmées sylvicoles pouvant servir de serviteurs ou d'agents des Tutsi.
Pour autant, ces trois communautés n'étaient pas des « ethnies » séparées (car elles parlaient la même langue au sein d'une société unique), mais plutôt trois couches sociales complémentaires dont les membres pouvaient, suivant leur réussite, passer de l'une à l'autre et dont beaucoup identifiaient mal leur place dans ce système. C'est la colonisation, dans sa phase ultime, qui finit par les opposer, surtout au Rwanda, où cela aboutit, en 1994, au génocide engendré par les miliciens hutu visant à massacrer tous les Tutsi, comme tous les Hutu qui s'opposaient à leur régime terroriste.

CONGO-BRAZZAVILLE, GABON ET OUGANDA. Hormis ces deux États, où la majorité populaire et l'ancienne minorité dominante se sont opposées, le peuple des Kongo atteint la majorité absolue au Congo-Brazzaville et les Fang représentent presque le tiers de la population au Gabon. En revanche, dans les cinq derniers États de l'Afrique équatoriale, la majorité tourne autour de 20 %. Il en est ainsi en Ouganda, qui tient pourtant son nom de son peuple si peu majoritaire, les Baganda. Mais dans aucun de ces pays les majorités n'ont eu vraiment à affronter les minorités, ni cherché à les dominer en tant que telles.

DES MINORITÉS ETHNIQUES RAREMENT SOURCES DE CONFLITS. Certes, plusieurs de ces États ont connu, depuis l'indépendance, une vie agitée pouvant aller jusqu'à des guerres civiles mais les clivages ethniques ou religieux ont rarement été invoqués dans ces interminables affrontements. Le Congo (Zaïre, de 1971 à 1997) est le seul qui déroge véritablement à la règle. Dès l'indépendance, en 1960 et jusqu'en 1963, le Katanga est proclamé indépendant, tandis que, de 1960 à 1962, le Sud-Kasaï est désigné État autonome par un prétendu « empereur des Balouba ». Puis, en 1977-1978, le Shaba (nouveau nom du Katanga) tente une nouvelle fois de faire sécession – ce qui permet à l'Angola de s'immiscer – et, en 1992, des conflits surgissent au Kasaï et au Shaba, qui proclame alors son autonomie. Enfin, après le génocide rwandais, les miliciens hutu réfugiés au Zaïre suscitent en 1996 l'intervention armée du Rwanda et de l'Ouganda dans l'ouest du pays ; intervention contrecarrée par l'Angola, le Zimbabwe et la Namibie. Le cessez-le-feu de 1999, contrôlé par les casques bleus de l'ONU, est consacré en 2002 par des accords de paix entre la république démocratique du Congo et le Rwanda et l'Ouganda.
Mais on peut légitimement dire que tous ces combats, invoquant plus ou moins des particularismes régionaux ou ethniques, étaient bien plus occasionnés par des ambitions politiques ou militaires que par les aspirations de communautés minoritaires.

COMPOSITION ETHNIQUE PAR PAYS

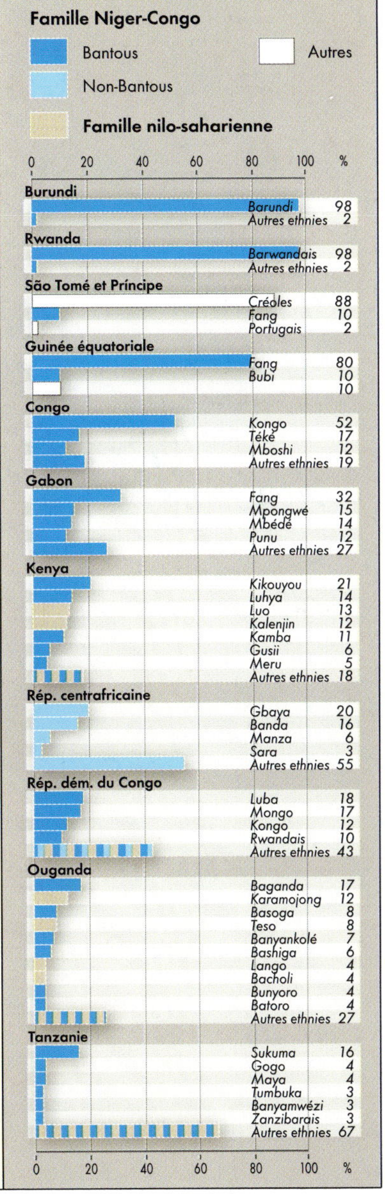

L'AFRIQUE AUSTRALE

Parmi les dix États d'Afrique australe, tous héritiers d'un territoire colonial, seulement cinq ont une base ethnique préfigurant un véritable État-nation : le Botswana, le Lesotho et le Swaziland et, beaucoup moins nettement, le Zimbabwe et le Malawi. Les autres présentent une très large diversité de minorités, dont la République sud-africaine offre un bon exemple d'évolution institutionnelle. Loin du régime de discrimination et de ségrégation raciale qui les envoyait vers des bantoustans (régions réservées aux populations noires), les huit peuples noirs vivent maintenant à égalité avec les deux peuples blancs, les métis et les Indiens.

L'AFRIQUE AUSTRALE

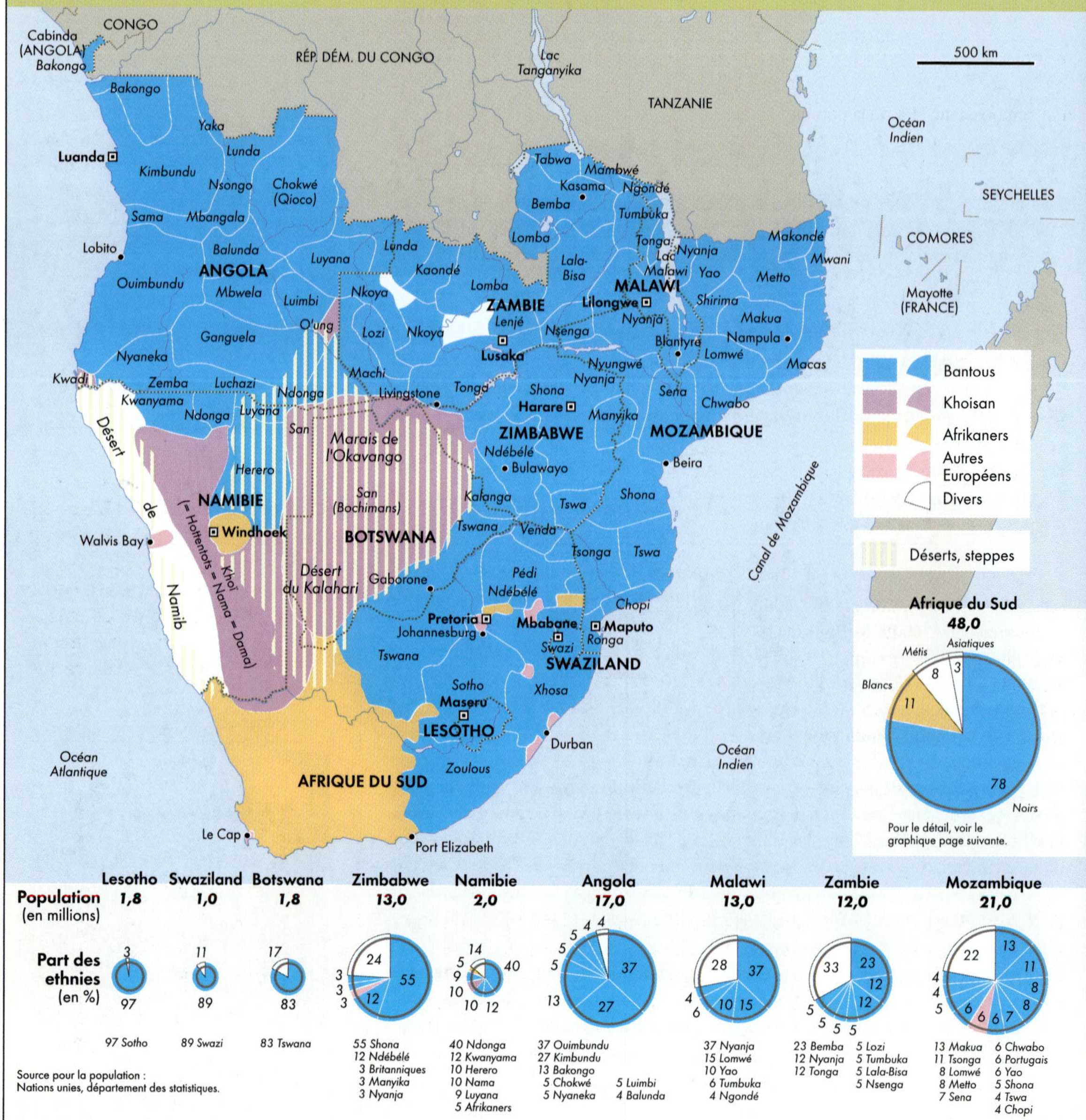

L'Afrique du Sud : du développement séparé à l'égalité

La République sud-africaine offrirait actuellement un exemple typique de cette diversité africaine si l'on ne savait que les chiffres seuls ne suffisent pas à caractériser la situation réelle des minorités d'un pays. En effet, les 23 % de Zoulous (les seuls à avoir une province propre, le Kwazulu), suivis des 17 % de Xhosa, composant ensemble une majorité relative de 40 %, sont suivis de neuf communautés de moins de 10 % chacune, constituant avec eux la base ethnique du pays.

COMPOSITION ETHNIQUE DE L'AFRIQUE DU SUD

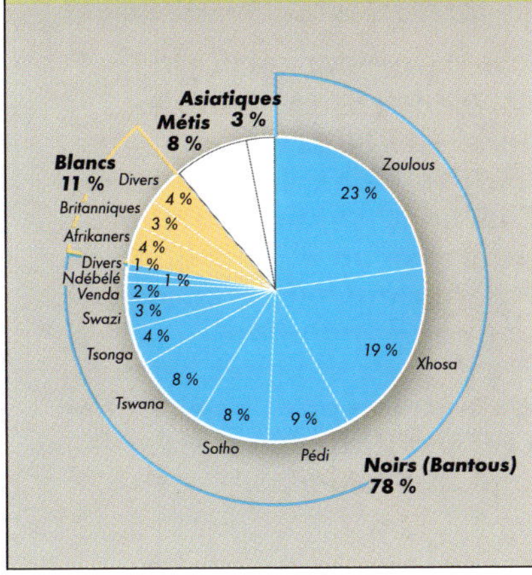

Il faut se remémorer que ces communautés ont vécu pendant près d'un siècle sous le régime du « développement séparé » ou *apartheid*. Les deux petites minorités de 14 % de Blancs, parlant l'afrikaans ou l'anglais, maintenaient une domination politique totale et exploitaient économiquement les huit peuples noirs – reconnus maintenant – qui composaient 74 % de la population, ainsi que les 9 % de métis du Cap (*Cape Coulored*), autochtones parlant l'afrikaans, et les 3 % de descendants d'immigrés de l'Inde. Né de la victoire de Nelson Mandela en 1994, le nouveau régime démocratique a mis fin à l'exploitation, par la minorité blanche, de la majorité de Noirs, citoyens des dix *bantoustans* détachés de la République sud-africaine et finalement considérés comme des étrangers dans leur propre pays. Aujourd'hui, la majorité noire gouverne le pays avec la collaboration de ses minorités de Blancs, de métis et d'Asiatiques. Au-delà d'une simple revanche historique, la République sud-africaine traduit maintenant un fort progrès humain, notamment dans la relation minorité-majorité.

De vrais peuples majoritaires en Afrique australe ?

Parmi les dix États d'Afrique australe, trois ont été constitués à partir de territoires coloniaux définis précisément autour de peuples nettement majoritaires. Ainsi le Lesotho s'est construit autour des Sotho (97 %), le Swaziland autour des Swazi (89 %) et le Botswana autour des Tswana (83 %). En dehors de ces créations délibérées de la puissance britannique autour de peuples numériquement dominants, les Shona du Zimbabwe ont conservé une exceptionnelle majorité absolue de 55 % face à un émiettement des minorités périphériques et à une minorité de colons blancs que le gouvernement a dépossédé à partir de 2000 et qui a en grande partie fini par émigrer.

Au Malawi, ex-Nyassaland, les Nyanja, dans une position géographique centrale, sont majoritaires à 37 % et sont plus nombreux que dans l'ensemble des États voisins de Mozambique, Zambie et Zimbabwe. En Namibie et en Angola, le peuple majoritaire atteint respectivement 40 et 37 %, mais sans position géographique véritablement centrale au sein d'une diversité africaine typique. La Zambie, ex-Rhodésie du Nord, offre aussi un exemple caractéristique car le peuple Bemba, le premier à s'y être installé, ne représente que 23 % de la population, hors de toute position centrale, et est suivi de six autres minorités dont les Lozi qui, depuis l'indépendance, réclament une meilleure représentation.

Les bantoustans

La politique d'apartheid avait abouti à la création de dix États séparés en République sud-africaine, dits *homelands* (*tuislands* en afrikaans) ou bantoustans, dont chaque membre des neuf ethnies bantoues concernées devenait ressortissant, en perdant la nationalité sud-africaine. C'était, le Bophutatswana des Tswana, peuplant déjà le Botswana, le KwaNdebele des Ndebele, le Lebowa des Pédi ou Sotho du Nord, le Venda des Venda, le Gazankulu des Tsonga, le Kangwanei des Swazi, jouxtant leur Swaziland, le Kwazulu des Zoulou, le Qwaqwa des Sotho du Sud, déjà titulaires du Lesotho, et, pour les Xhosa, le Transkei et le Ciskei. En 1994, ces territoires furent tous abolis et la RSA fut divisée en neuf nouvelles provinces dont l'une reçut le nom de Kwazulu-Natal.

Parallèlement, la Namibie, ex-Sud-Ouest africain, administré par la RSA sous tutelle de l'ONU, avait été l'objet d'un découpage similaire en dix *homelands*, combattus par la guérilla de la Swapo et abolis par l'ONU en 1980, avant l'indépendance de 1990. Six étaient voués à des ensembles bantous : le Kaokoland des Kwanyama, l'Ovamboland des Ndonga, le Kavangoland des Luyana, le Caprivi des Lozi, l'Hereroland et le Tswanaland ; trois à des ethnies Khoï-san : le Damaraland, le Namaland et le Bushmanland (des Bochiman, ou San). Enfin, le Basterland était attribué aux métis du Cap, fondateurs de l'ex-république de Rehoboth.

> « *Les langues officielles de la république d'Afrique du Sud sont le sepedi, le sesotho, le setswana, le si'swati, le tshivenda, le xitsonga, l'afrikaans, l'anglais, l'isi'ndébélé, l'isi'xhosa et l'isi'zoulou.* »
>
> CONSTITUTION, 1996.

LES PAYS DE L'OCÉAN INDIEN

L'océan Indien, dans sa moitié occidentale, est le siège de quatre États indépendants – Madagascar, Maurice, Comores, Seychelles – et de trois territoires dépendants – la Réunion, Mayotte et les Chagos – dont la population a profondément été ou reste marquée par la présence de la langue française. C'est pourquoi on a parfois désigné cette région multi-insulaire comme la Franconésie. Les Comores et Madagascar ont une population autochtone ancienne, mais les archipels éloignés, comme les Mascareignes, n'ont été peuplés que par l'exploitation coloniale, c'est-à-dire par des esclaves africains, puis par de la main-d'œuvre indienne sous contrat.

L'équilibre malgache

Madagascar a été peuplée, au Ier millénaire, par des immigrants venus d'Indonésie qui y ont implanté leur langue austronésienne, leur type physique sud-asiatique et leurs pratiques de castes héritées de l'hindouisme. À la fin du XIXe siècle, la France colonisa l'île et procéda, en 1947-1948, à une politique de « pacification » qui fit 89 000 morts. La France tenta ensuite de diviser la population en « races » ou en « ethnies » afin d'éviter ou de gêner l'indépendance, acquise en 1960.

Certes, on peut distinguer dans ce peuple, parlant une langue unique et composé traditionnellement de dix-huit tribus, des variations de types physiques selon les degrés d'ascendance africaine ou indonésienne, mais sans oppositions tranchées entre groupes voisins qui tous se revendiquent comme malgaches. La seule tension perceptible se dessine entre les extrêmes : les Hova, issus de la dernière vague indonésienne du VIIIe siècle, installés dans le haut pays merina et ayant institué la monarchie au XVIIIe siècle, et les Sakalaves, venus plus récemment d'Afrique sur les côtes occidentales.

Les seules minorités vraiment visibles sont celles issues du temps de la colonisation. Elles concernent environ 150 000 personnes, soit 0,8 % de la population : moins de 20 000 Européens, naguère cadres dominants et aujourd'hui hommes d'affaires, plus de 50 000 Comoriens, 15 000 Indiens musulmans et 10 000 petits commerçants chinois, etc. Un rapport d'égalité règne avec la majorité autochtone.

L'OCÉAN INDIEN

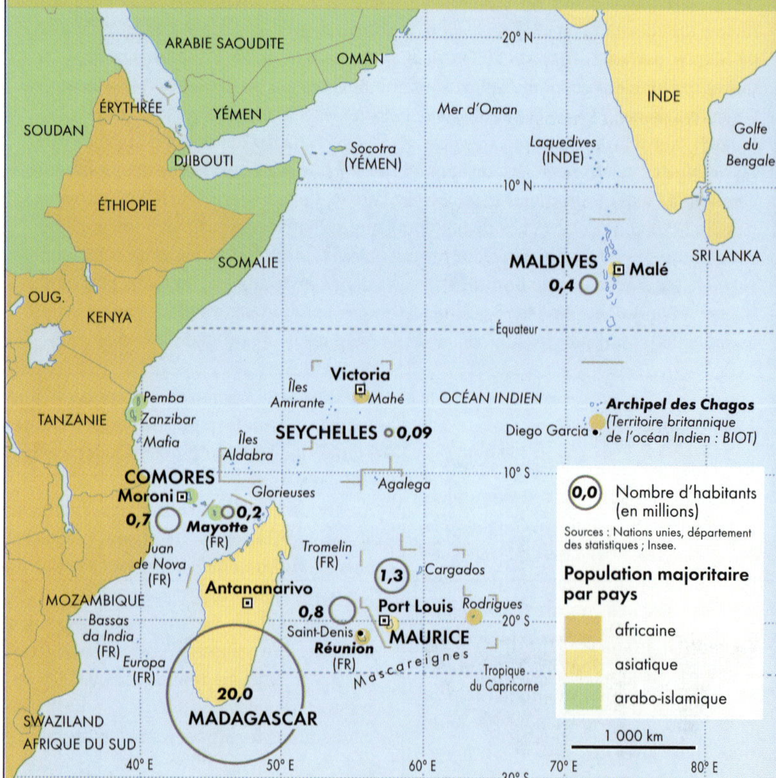

La Réunion

L'île de la Réunion, département français d'outre-mer, a été peuplée par des colons français et des esclaves africains, affranchis en 1848, auxquels sont venus s'ajouter une main-d'œuvre indienne et des commerçants chinois. Ces populations communiquent surtout en créole franco-africain, à l'exception des quelques centaines de Français métropolitains administrant l'île, qui ont du mal à entendre le parler créole et sont, pour cela, appelés « Z'oreilles ». Les Blancs insulaires (30 %), dénommés « Créoles », se répartissent entre les « Petits Blancs », agriculteurs traditionnels survivant dans les hauteurs, et les descendants des anciens planteurs composant la classe moyenne urbaine. À côté d'eux, on trouve la majorité relative (40 %) de paysans et de citadins dits « cafres » – descendant des esclaves africains – et de « métis », puis les « Malabars » hindous (25 %) et les musulmans d'origine indienne, dits « Z'arabes » ou « Karanes », ou chinoise, dits « Sinois » (5 %).

Maurice, une population complexe

L'île Maurice, colonisée initialement par les Français, a été britannique de 1814 à 1968, d'où une certaine complexité de sa population. D'origine européenne ou africaine, elle compte aussi des éléments venus d'Inde et de Chine. De nos jours, les Indo-Mauriciens forment la majorité de la population (69 %) et se répartissent entre hindous (52 %) dits « Malabars » et musulmans (17 %) dits « Laskars ». La population générale plus ancienne se compose de 27 % de Mauriciens d'ascendance africaine et de 1 % de créoles, d'ascendance européenne. Enfin, les Sino-Mauriciens, dits « Sinois », représentent 3 % de la population. Les langues ancestrales sont d'abord le créole français dit « morisye » (32 %) et le français (5 %). Viennent ensuite les langues indiennes (60 %, dont 39 % d'hindi), le chinois (2 %) et l'anglais (moins de 1 %). L'île Rodrigues, principale dépendance de Maurice, à 500 kilomètres à l'est, compte 40 000 habitants, presque intégralement des créoles francophones.

> **“ • *[À Maurice], la langue officielle de l'Assemblée est l'anglais, mais tout membre peut s'adresser à la présidence en français.** ***
> **• *Les langues nationales des Seychelles sont l'anglais, le créole et le français.** * ”**

Les Seychelles, des îles créoles

L'archipel des Seychelles, colonisé initialement par les Français, a été britannique de 1814 à 1976, engendrant une population complexe et l'existence de trois langues nationales : le créole dit *seselwa*, l'anglais et le français. En fait, la population est créole à 94 %, c'est-à-dire métisse. Seuls 4 % de la population sont d'origine anglaise et 2 % d'origine française.

Un nettoyage ethnique total

L'archipel des Chagos, ancienne dépendance de Maurice, a été colonisé initialement par les Français et est devenu britannique en 1814. Il a été détaché de Maurice en 1965 pour constituer le Territoire britannique de l'océan Indien (BIOT) destiné à être, en 1966, loué aux États-Unis pour cinquante ans, à condition de le débarrasser de sa population.

De fait, ses 2 000 habitants furent, de 1969 à 1975, tous « rapatriés » à Maurice où ils n'avaient jamais habité, mais d'où venaient leurs ancêtres, cinq générations auparavant. Ces Noirs des « îles Là-Haut », dits « Zilois », devaient être envoyés dans d'autres îles mais ils refusèrent d'y aller. En 1982, le Royaume-Uni versa au gouvernement de Maurice une somme pour les indemniser.

Exemple parfait de « nettoyage ethnique » total, ce déplacement de population fut condamné en 2003 par la Haute Cour de Londres, qui déclara l'expulsion illégale et proclama le droit au retour. Mais en 2004, deux décrets d'Élisabeth II l'interdirent. L'archipel est aujourd'hui un territoire dont la population est limitée aux employés de la base aérienne stratégique américaine de Diego Garcia – chargée de surveiller l'hémisphère Sud – et dont on a, bien sûr, peu de détails. Ils seraient environ 3 000, en partie Philippins ou Mauriciens, tandis qu'à Maurice vivent environ 8 000 descendants des « Zilois » ou Chagossiens.

LES POPULATIONS DE L'OCÉAN INDIEN

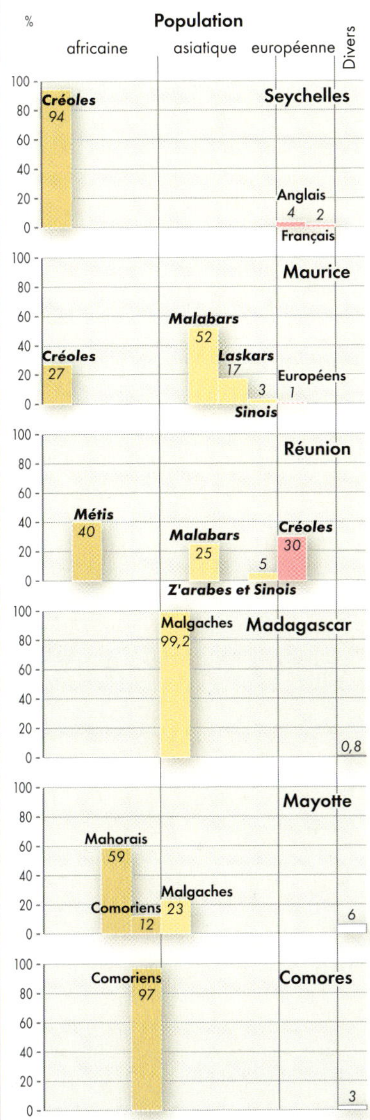

Les Comores et Mayotte

L'archipel des Comores, ancien territoire d'outre-mer français qui comportait quatre îles, a obtenu son indépendance en 1975, à l'exception de l'île méridionale de Mayotte qui avait voté pour son maintien en France. La population est surtout d'origine africaine autochtone, nourrie par des éléments commerçants venus, depuis des siècles, des côtes africaines ou arabes. Elle est complètement islamisée et chaque île parle son dialecte shikomor, dérivé du swahili. Les Comores ont adhéré en 1993 à la Ligue arabe. Aujourd'hui, 97 % des habitants appartiennent à l'ethnie comorienne et parlent le shikomor. Le reste se répartit entre immigrés parlant le pur swahili, le français, l'arabe ou le malgache.

L'île de Mayotte est une collectivité française d'outre-mer, dont la population se divise entre 59 % d'autochtones, les Mahorais, et de nombreux immigrants, Comoriens et Malgaches, plus divers autres minoritaires parlant swahili (2,5 %) ou français (2,2 %).

LE CANADA

Le Canada fut d'abord un exemple de pays de colonisation européenne où les populations autochtones ont été, pendant trois siècles, refoulées, niées et parquées dans des « réserves ». Mais c'est aussi un modèle d'État bilingue où les deux peuples fondateurs, français et britannique, ont dû procéder, non sans heurts, à un aménagement linguistique équitable au niveau fédéral. Cela fut encore plus difficile à mettre en place que dans les provinces, dont trois seulement pratiquent effectivement le bilinguisme. Enfin, la reconnaissance des peuples autochtones comme « premières nations » a ouvert une voie que les Inuits ont été les premiers à pouvoir emprunter.

Inuits et premières nations

Environ 3 % des Canadiens appartiennent aux populations autochtones, réparties en trois catégories. D'abord les « Indiens d'Amérique » qui sont un demi-million (dont un tiers vit dans des réserves et un quart dans les grandes agglomérations) se sont vu reconnaître le droit à l'autonomie en tant que « premières nations ». Au nombre d'une soixantaine, seules deux dépassent les 50 000 membres. Puis viennent les métis – d'Indiens et d'Européens –, officiellement 300 000 mais qui approchent certainement les 700 000. Enfin, les Inuits (anciennement Eskimaux), locuteurs de l'inuktitut, ont reçu en 1999 du gouvernement fédéral un territoire propre, le Nunavut, et, du gouvernement du Québec, un autre territoire, le Nunavik. Sur les 45 000 Inuits canadiens, 25 000 vivent au Nunavut et 10 000 au Nunavik, et y représentent respectivement 85 et 90 % de la population.

Des vagues d'immigrants

Depuis la fin du XIXe siècle, l'Ouest canadien fut peuplé par des centaines de milliers d'Anglais, d'Écossais et d'Irlandais, s'intégrant aisément, mais aussi d'Allemands, d'Italiens, de Néerlandais, de Polonais ou d'Ukrainiens qui mirent des générations à s'angliciser. Aujourd'hui, des Asiatiques, des Chinois, des Philippins ou des Indiens s'y installent. Plus de dix communautés ont conservé entre 100 000 et 1 million de locuteurs de leur langue ancestrale.

Acadie, Québec : du Grand Dérangement au statut de Nation

Les francophones fondèrent d'abord l'Acadie (actuelles provinces du Nouveau-Brunswick et de la Nouvelle-Écosse) et la cédèrent en 1713 à l'Angleterre qui, lors du « Grand Dérangement » déporta les Acadiens à travers les mers, notamment jusqu'en Louisiane. Certains revinrent et constituent maintenant, en Nouvelle-Écosse, une minorité reconnue, jouissant d'une totale égalité de droits. Au Nouveau-Brunswick, après 1968, le français a été promu à égalité avec l'anglais.

Au XVIIIe siècle, à l'embouchure du Saint-Laurent, d'autres Français fondèrent le Canada, cédé aussi en 1763 à l'Angleterre qui, par l'Acte de Québec de 1774, reconnut aux Français le droit de conserver leurs institutions, leur langue et leur religion, et en fit en 1867 une province de la nouvelle Confédération du Canada. Depuis, les francophones n'ont cessé de lutter pour maintenir l'égalité du français comme langue de la Confédération, à côté de l'anglais. Cela s'est révélé difficile car le français n'est la langue que d'un tiers de la population, concentré surtout dans une seule province. Aussi ce combat se concentra-t-il sur la Belle Province où fut, en 1977, édictée la Charte de la langue française. Mais le Québec ne reçut pas le droit d'être proclamé « société distincte » ni n'obtint, à travers les référendums de 1980 et 1995, sa souveraineté et donc sa possible sécession de la Confédération. En 2006, il finit par être reconnu « nation au sein d'un Canada uni ».

> *La Chambre des communes a entériné [...] la motion présentée par le premier ministre du Canada visant à reconnaître que les Québécois forment une nation au sein d'un Canada uni.*
> ASSEMBLÉE NATIONALE DU QUÉBEC, 2006.

ORIGINE ETHNIQUE ET LANGUE MATERNELLE

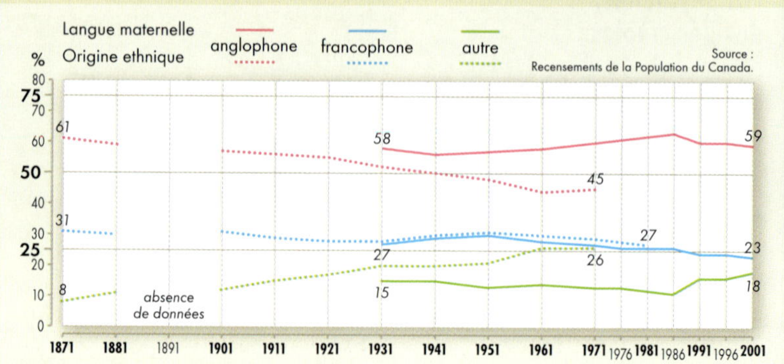

LE CANADA

Anglophones, francophones et allophones

Les pourcentages donnés par les recensements permettent de mesurer l'évolution des principaux ensembles de population sur deux plans : l'origine ethnique (britannique, française ou autre) et la langue maternelle (anglophones, francophones et allophones). En un siècle, la part des Canadiens d'origine britannique a sensiblement décliné, du fait de l'immigration, alors que celle d'origine ethnique française a été plus stable grâce à la forte natalité de cette communauté jusqu'au milieu du XXe siècle. La part des Canadiens de diverses origines s'est aussi accrue jusqu'à atteindre la proportion des Canadiens français.

En considérant la langue maternelle, la part des anglophones a nettement dépassé celle des Canadiens britanniques à cause de l'anglicisation massive des immigrants. Le nombre de francophones déclinait relativement peu jusqu'à la baisse de natalité des Canadiens français. Quant aux allophones, leur part ne s'accroît pas réellement car l'assimilation aux deux langues nationales est un phénomène continu. Les 3 % d'autochtones, comptés jusqu'à présent dans les allophones, n'ont obtenu que récemment d'en être disjoints en tant que premières nations.

Les États-Unis

Aux États-Unis comme au Canada, on trouve, face à la population indigène très minorisée et refoulée dans des réserves, une immense majorité de descendants d'immigrants, aux origines très variées mais essentiellement européennes, qui se sont progressivement anglicisés. Une importante minorité de descendants d'Africains, importés comme esclaves et longtemps soumis à la ségrégation, est encore concentrée principalement dans le Sud où étaient les plantations. Depuis la fin du XXe siècle, de fortes vagues d'immigration d'Amérique latine et d'Asie nourrissent la minorité croissante des Hispanos ou Latinos et celle, bien plus faible, des Asiatiques.

Amérindiens et nouveaux immigrants

À la fondation des États-Unis, la population était surtout d'origine britannique. Seuls deux îlots sont restés non anglophones : les Allemands de Pennsylvanie, surtout anabaptistes ou amish, et les Français du sud de la Louisiane ou Cajuns, descendant des Acadiens déportés, dont l'aire d'implantation est désignée comme l'Acadiana. Cette majorité blanche s'est considérablement accrue aux XIXe et XXe siècles avec d'autres immigrants européens. Si la minorité principale demeure celle des descendants des esclaves africains, elle est suivie de près par celle des immigrants d'Asie. Les autochtones amérindiens, résidant surtout dans des réserves, ont été relégués en dernière position. Ces minorités, par définition « raciales », ont mis du temps à s'intégrer socialement voire légalement, comme les Noirs qui durent lutter jusqu'à la fin du XXe siècle. Aujourd'hui se pose la question de la place croissante des Hispaniques.

L'ALASKA

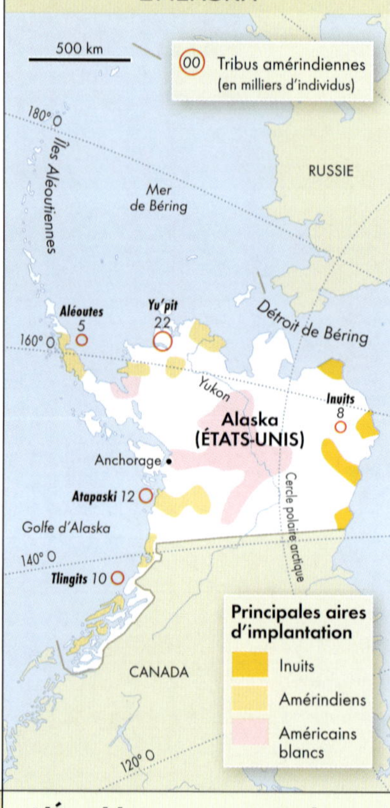

Les deux États séparés: Alaska et Hawaï

L'Alaska, acheté à la Russie en 1867, est devenu, en 1958, le 49e État, séparé géographiquement des quarante-huit premiers. Peuplé d'une majorité de Blancs, il compte une forte minorité autochtone d'Amérindiens, d'Inuits et d'Aléoutes. Les Américains blancs sont concentrés autour d'Anchorage, dans les vallées du centre et sur des côtes ; les Amérindiens ont d'autres zones propres ; les Inuits et les Yu'pit sont dispersés sur les côtes du nord et du détroit ; les Aléoutes vivent sur leur péninsule et leurs îles. Plus au sud, vivent des Indiens athapascans (Atapaski) et les Tlingits.

L'archipel des Hawaï, ancien royaume annexé en 1898, est devenu, en 1959, le 50e État. Sa population est en majorité composée de Blancs (46 %) – hispaniques pour certains d'entre eux –, puis d'immigrants venus d'Asie, d'autochtones hawaïens (polynésiens de langue) et enfin de Noirs américains.

RAPPORTS ENTRE MINORITÉS ET MAJORITÉ

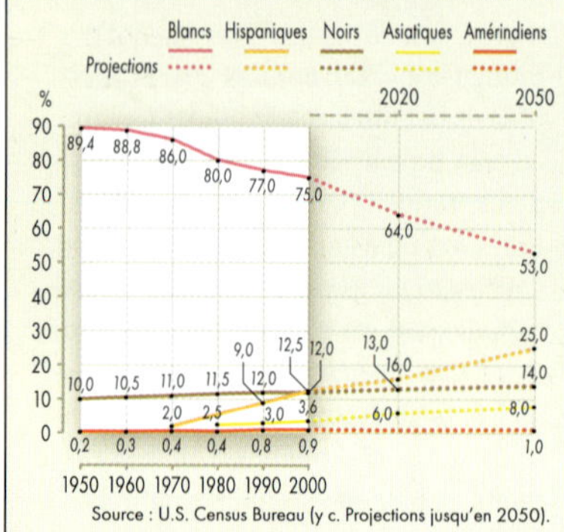

Source : U.S. Census Bureau (y c. Projections jusqu'en 2050).

L'État librement associé de Porto Rico et les Territoires éloignés

L'île de Porto Rico, libérée du joug espagnol en 1898, au moment de la « libération » de Cuba, devint un territoire américain. Les habitants reçurent en 1917 la citoyenneté des États-Unis. Après trois référendums (1967, 1992 et 1993), ils acceptèrent un statut d'« État librement associé » aux États-Unis, sans participation au Congrès américain, avec une vie parlementaire propre et un gouverneur élu. La population, à majorité blanche et à minorité noire, parle l'espagnol qui y est officiel devant l'anglais. Les Portoricains ont considérablement émigré aux États-Unis où ils sont à peu près aussi nombreux que la moitié de ceux restés dans l'île.

Les Territoires éloignés (« Outlying Territories ») sont quatre autres dépendances d'outre-mer à population autochtone : les îles Vierges américaines dans les Antilles et, dans le Pacifique, une partie des îles Samoa, l'île de Guam, autonome depuis 1982, et les Mariannes du Nord, ayant acquis en 1975 un statut de « Territoire associé ».

Les États-Unis et leurs minorités

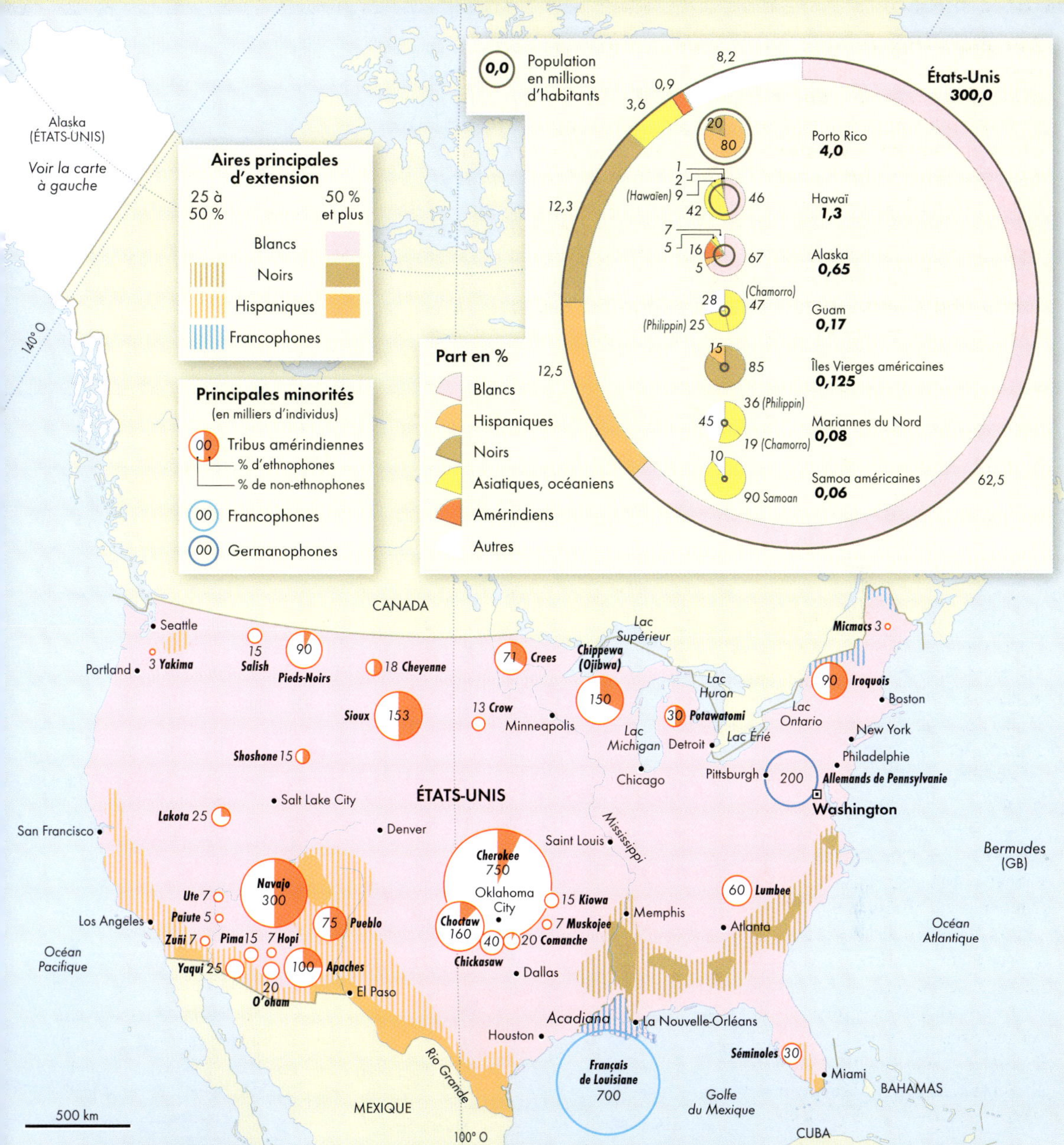

> ***« Les relations particulières qui existent entre les Indiens et le gouvernement fédéral découlent d'obligations officielles contractées par le gouvernement des États-Unis. [...] L'autodétermination des Indiens peut et doit être renforcée.* »***

La vague montante des Hispanos ou Latinos

Le partage de la population des États-Unis entre la majorité blanche et les minorités noire, asiatique et amérindienne a longtemps été plutôt stable. Mais l'arrivée massive récente des immigrants hispaniques venus d'Amérique latine (les Hispanos ou Latinos), c'est-à-dire principalement des Mexicains (Chicanos), des Cubains et des Portoricains, a introduit un élément nouveau. Cette population s'accroît très vite et reste plus distincte culturellement et socialement de la majorité que ne l'ont été les immigrés d'Europe. Classés par les recensements dans la population blanche, les Hispaniques sont néanmoins comptés à part, ce qui permet d'évaluer leur importance déjà considérable et qui va continuer à croître. La prospective du demi-siècle à venir où ils finiraient par constituer un quart des Américains en témoigne !

LE MEXIQUE ET L'ISTHME AMÉRICAIN

Les États-Unis du Mexique sont un pays fédéral dont la population est composée pour 15 % de Blancs descendant d'Européens dits créoles (criollos), de 65 % de métis (mestizos) et de 20 % d'indigènes (indigenas) appartenant encore à des peuples amérindiens. Ces derniers n'ont que partiellement conservé leurs langues ancestrales qui, à la suite du mouvement zapatiste, bénéficient depuis 2002 de la « loi générale sur les droits linguistiques des peuples indigènes ». Les sept autres États de l'isthme, vivant des situations comparables, ont aussi fini par admettre la diversité de leur population.

POPULATION DES DIFFÉRENTS PAYS DE L'ISTHME

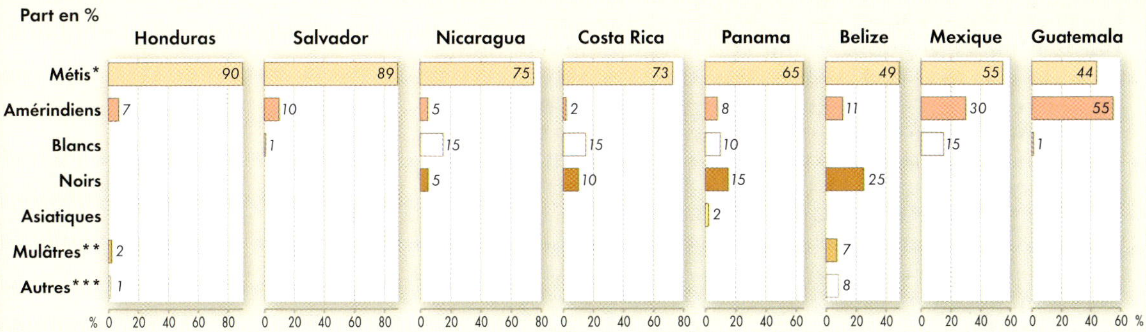

* euro-amériendiens ** euro-africains *** afro-amérindiens

Les principaux peuples amérindiens du Mexique

Les données statistiques manquent pour évaluer le poids démographique actuel de chaque peuple amérindien du Mexique. Leur croissance est variable et il est délicat d'évaluer quelle est, pour chacun d'eux, la part d'indigènes monolingues, de bilingues hispanisants et d'autres complètement hispanisés. On estime, depuis longtemps déjà, qu'un bon tiers des Indiens a cessé d'entendre sa langue ancestrale. Les langues indiennes étaient encore parlées par 26 % des Mexicains en 1895, mais ne l'étaient plus que par 15 % aux recensements de 1930 et 1940, 11,2 % en 1950, 7,5 % en 1960 et 1990 et 7,1 % en 2000. Environ 7 millions de Mexicains les parlent aujourd'hui alors qu'ils n'étaient que 2,25 millions en 1930. Le nombre de locuteurs aurait donc triplé en soixante-dix ans même s'il a baissé en importance relative.

À partir des meilleures données, remontant parfois à 1980, les principaux peuples subsistant forment une chaîne, allant du nord de Mexico à la frontière du Guatemala. Le premier est toujours, et de loin, celui des Aztèques qui représentent environ un quart des locuteurs autochtones et dont la langue nahuatl aurait au moins un million et demi de locuteurs. À l'autre bout de la chaîne, les Mayas du Yucatán, les Yucatèques, auraient un effectif moitié moindre. Voisins des Aztèques sur les hautes terres, sont installés les peuples Otomi, Totonaques et Huaxtèques ayant, chacun, entre 300 000 et 100 000 membres ethnophones. Au sud, dans les États de Guerrero et d'Oaxaca, couvrant la Sierra Madre méridionale, on trouve les foyers des deux grands autres peuples historiques, Mixtèques et Zapotèques, comptant chacun entre un tiers et un demi-million de locuteurs. De leur côté, l'isthme de Tehuantepec et le Chiapas abritent les peuples plus restreints des Mixe, Zoque, Tzotzil et Tzeltal.

Droits linguistiques

La loi de 2002 qualifie de « nationales » toutes les langues indigènes, considérant qu'elles ont « la même valeur que l'espagnol », interdit toute discrimination, assure à leurs locuteurs le droit de communiquer avec elles et instaure un « interculturalisme » garantissant le respect de la diversité. Elle a créé un Institut national des langues indiennes. Reste à savoir si elle permettra réellement de promouvoir le développement de ces langues.

> « ***Les langues indigènes qui sont reconnues selon les dispositions de la présente loi et l'espagnol sont des langues nationales par leur origine historique, et ont la même valeur dans leur territoire, lieu et contexte où elles sont parlées.**** »

Les États de l'isthme : des *mestizos* aux Garifuna

La population des États de l'isthme américain, qui compte 41 millions de personnes, est fondée, comme celle du Mexique, sur une majorité absolue de métis (*mestizos*) euro-amérindiens, sauf au Guatemala où les Amérindiens atteignent la majorité absolue face aux métis. Dans les autres États, les Amérindiens représentent moins de 10 % de la population mais ils se regroupent parfois en communautés solidement implantées comme les Kuna. La troisième composante de ces sociétés, les Blancs d'origine espagnole, est numériquement très minoritaire, tout en ayant été la classe dominante pendant trois siècles. Elle représente 1 % de la population dans les quatre États septentrionaux et 10 à 15 % dans les trois du Sud. Viennent ensuite les Noirs, descendants d'anciens esclaves dont la proportion dans les États atlantiques va de 10 à 15 %.

Enfin, de rares mulâtres, qui sont essentiellement les Garifuna ou « Black Karibs », « Afro-Caraïbes », descendent d'une population mixte née au XVIIe siècle dans l'île de Saint-Vincent, de la fusion entre des esclaves d'Afrique et des Caraïbes dont la langue arawak devint commune. Ils furent déportés par l'Angleterre à la fin du XVIIIe siècle dans le Honduras britannique, actuel Belize, et peuplèrent aussi les côtes voisines du Guatemala et du Honduras. Ultime élément de cette population : les créoles ou *criollos* qui parlent le kriol anglais au Belize ou le criollo espagnol au Nicaragua.

La Caraïbe et les Guyanes

L'archipel de la Caraïbe et les trois Guyanes, entre les Amériques anglo-saxonne et latine, sont un monde intermédiaire – issu d'un héritage colonial complexe, où peuvent régner d'autres langues que l'anglais et l'espagnol – et morcelé en trente territoires dont quatorze sont indépendants et seize dépendent encore de quatre puissances coloniales. Les minorités qui y vivent sont très rarement d'origine ethnique autochtone, mais plus généralement issues de l'ancienne classe dominante blanche ou des travailleurs asiatiques, car les populations noires et mulâtres, descendant des anciens esclaves africains, atteignent presque partout la majorité numérique.

Caraïbe et Guyanes

Les Guyanes, la marque de la colonisation

Dans les trois Guyanes (Guyana ex-britannique, Surinam ex-néerlandais et Guyane française), la situation majorité/minorités ressemble beaucoup à celle de la Caraïbe. Les autochtones amérindiens ne représentent plus que 7 % de la population en Guyana, 2 % au Surinam et 4 % en Guyane. L'économie de plantation a laissé une infime minorité de Blancs (1 % en Guyana et au Surinam, 14 % en Guyane) ayant exploité d'abord une main-d'œuvre servile africaine, dont sont issus les Noirs et « métis » actuels (44, 40 et 60 %), puis des travailleurs asiatiques – Indiens (44 %, 37 % et 4 %) ou Javanais (14 % au Surinam). Pour d'autres activités, des Chinois (1 %) s'implantèrent en Guyana, au Surinam (2 %) et en Guyane (4 %) où vinrent aussi les Hmong d'Indochine (2 %). Sous les trois langues nationales issues de la colonisation, survivent des parlers créoles dépassant les frontières et les limites communautaires. Ainsi, subsistent dans les couches populaires, noires et asiatiques, les créoles anglo-guyanais que sont le sranam tongo (langue du Surinam), le taki-taki (parlé-parlé) et l'aukaans des « nègres marrons » ou « nègres des bois ». Au centre du Surinam, le luso-créole saramaccan se parle aussi. Enfin l'hindoustani sarnami (un demi-million de locuteurs) et le javanais du Surinam survivent, même s'ils déclinent face aux anglo-créoles et aux langues officielles.

La Caraïbe, des communautés aux origines multiples

L'ensemble de l'archipel des Antilles, dénommé ainsi à partir de l'île fabuleuse d'Antilia, est aussi désigné comme la Caraïbe en l'honneur du dernier peuple amérindien installé là à l'arrivée des Européens et venu de Guyane : les Caraïbes (ou Carib, Galibi, etc.). Il est aujourd'hui partagé en treize États indépendants et quatorze territoires dépendant encore de quatre puissances extérieures : américaine, britannique, française et néerlandaise. La répartition des quatre souches successives de peuplement (amérindienne, européenne, africaine et asiatique) est sensiblement distincte d'une île à l'autre. Les appellations, plus ou moins raciales, utilisées pour qualifier chaque communauté, sont également variées. Par exemple, on distingue les « Blancs-pays » ou « békés » des Blancs métropolitains. Les mulâtres ou *mulattos* sont souvent appelés métis, en l'absence de métis euro-amérindiens. Les très exceptionnels Amérindiens sont les Caraïbes, dits « rouges » ou « jaunes » et ne survivent qu'à la Dominique (3 %) tandis que les Garifuna, ou « Caraïbes noirs », métissés, se trouvent à Saint-Vincent (2 %). Par ailleurs le terme « créole » a différentes acceptions et peut désigner ici les mulâtres et là les Antillais d'origine européenne. Enfin, les Noirs sont partout majoritaires, sauf à Porto Rico, où ils ne sont que 20 %, ainsi que dans les minuscules îles de Saint-Barthélemy (moins de 10 %) et Saba et Saint-Eustache (50 %).

> ***L'espagnol et l'anglais sont reconnus comme les langues officielles du gouvernement de Porto Rico. Toutes les deux pourront être utilisées, indistinctement.***
> **Loi de l'État de Porto Rico, 1993.**

Une question sociale. Aussi, s'il existe un problème « minoritaire », c'est en général celui de la promotion économique, sociale et politique de cette majorité noire et métissée, face à la minorité blanche, longtemps dominante, et plus rarement celui de l'assimilation des minorités asiatiques ayant choisi de rester.

Diversité linguistique. La question de la convivialité entre communautés aux origines multiples est donc une préoccupation cruciale accompagnant la question linguistique. Les parlers créoles locaux, très répandus mais non développés, littérairement ou institutionnellement, cohabitent sans correspondre forcément aux quatre langues officielles actuelles (espagnol, anglais, français et néerlandais). Certains territoires sont en effet passés successivement sous des souverainetés diverses. Par exemple, dans les Antilles néerlandaises, le papiamento, créole luso-africain, s'étend sur les îles Sous-le-Vent (Petites Antilles méridionales), alors que, dans les îles du Vent (Petites Antilles orientales), c'est le kriol anglais qu'on parle et que les « patois » français s'entendent dans des îles devenues ensuite britanniques.

Créoles, Noirs, mulâtres et Asiatiques

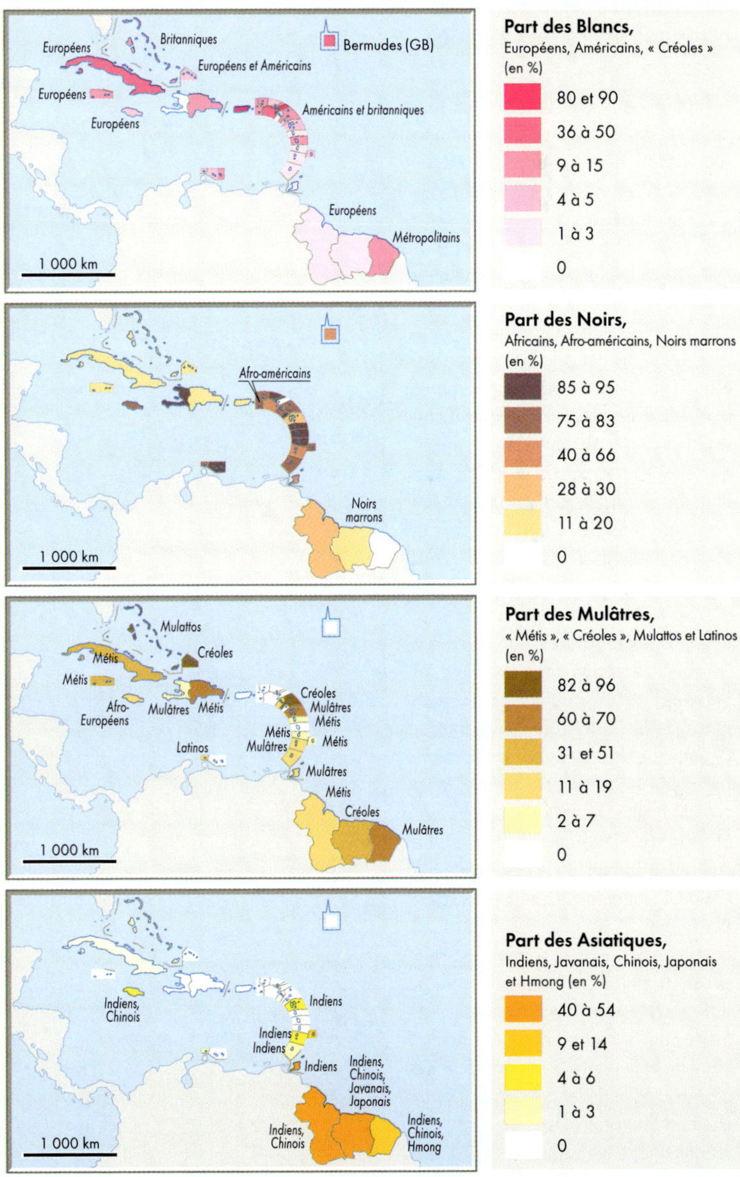

LES ÉTATS ANDINS

Six États se partagent la plus grande partie de la cordillère des Andes. La population amérindienne reste, avec les « métis » (mestizos ou cholos) très largement majoritaire sur le plan numérique : respectivement 4 et 58 % en Colombie, 40 et 40 % en Équateur, 45 et 37 % au Pérou, 55 et 30 % en Bolivie, et 2 et 90 % au Paraguay. Cependant, elle est toujours socialement dominée par la minorité blanche hispanique des « Ladinos » qui ne sont pourtant que 18 % au Venezuela, 10 % en Colombie et en Équateur, 15 % au Pérou et en Bolivie, et 6 % au Paraguay. N'oublions pas les véritables minorités importées de Noirs africains (moins de 10 %) et d'Asiatiques (moins de 3 %).

Multiculturalisme et reconnaissance des peuples

Dans les Andes, les types physiques comptent plus que l'usage des langues, car les ethnies indiennes ont parfois perdu l'usage de leur langue propre. Aujourd'hui, la plupart des États ont signé la Convention relative aux peuples indigènes, rédigée par l'OIT (Organisation internationale du travail), qui interdit toute discrimination, incite au multiculturalisme et à la promotion des langues des minorités. Mais la position des différents peuples varie considérablement, d'abord suivant leur ampleur. La plupart n'ont que quelques milliers ou dizaines de milliers de membres. Seuls trois peuples peuvent prétendre, par leur masse, à une reconnaissance nationale. Ce sont les 15 millions de Kichua ou Quechua, répandus principalement en Équateur, Pérou et Bolivie ; les 6 millions de Guarani, largement majoritaires au Paraguay ; et les 3 millions d'Aymara, partagés entre la Bolivie et le Pérou. Cependant, ils ont encore beaucoup à faire pour unifier leurs langues, morcelées en dialectes, et obtenir leur promotion sur le plan institutionnel. Le guarani jouit bien du statut de langue nationale mais reste néanmoins sous-développé. La défense des minorités, comme des majorités, reste à mener sur deux plans : celui, ancien, de la lutte sociale pour l'égalité entre la majorité de couleur et la minorité blanche et celui de la reconnaissance des peuples et de leurs langues, politiquement minorisés, tout en étant, numériquement, majoritaires.

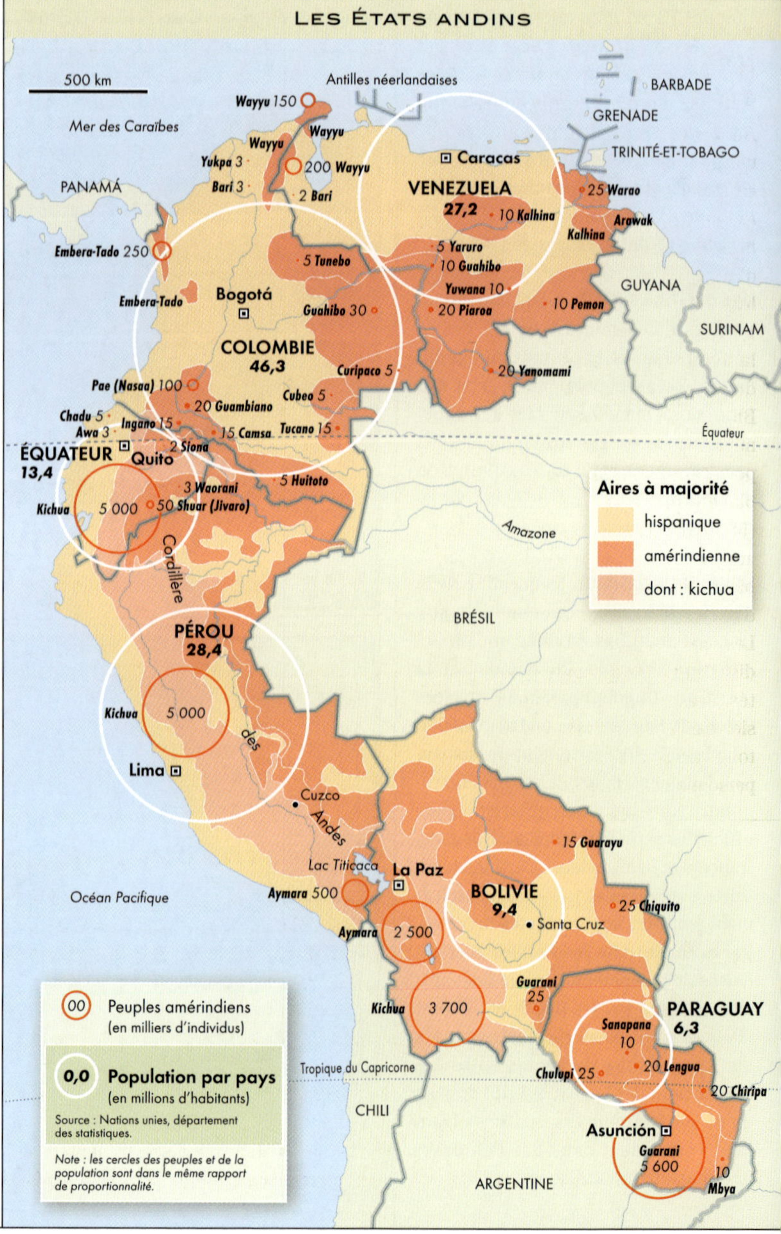

> *L'État reconnaît et protège la pluralité ethnique et culturelle de la nation.*
> CONSTITUTION DU PÉROU, 1993.

Venezuela et Colombie : comment se positionner face à la minorité de Blancs ?

Au Venezuela, l'énorme majorité de métis comprend surtout les *mestizos* euro-amérindiens, mais aussi les *mulatos* ou Pardos euro-africains et les Zambos afro-indiens. La minorité de 7 % d'Indiens, répartie en 28 ethnies dont les langues ne sont parlées que par 1,5 % de la population, occupe encore la moitié méridionale du pays. C'est donc face à la minorité de 18 % de Blancs que la majorité métisse et les minorités noire et indienne doivent se positionner. En Colombie, la minorité blanche de 20 % fait face à la majorité (58 %) de métis euro-amérindiens et aux Noirs et mulâtres, Afro-Colombiens, qui pourraient dépasser aujourd'hui les 18 % du dernier recensement. Les « indigènes » ne sont que 4 % et sont dispersés dans de petites communautés, écartelées de l'isthme jusqu'à la sierra et à l'Amazonie, mais leurs territoires autochtones sont enfin dotés de personnalité juridique.

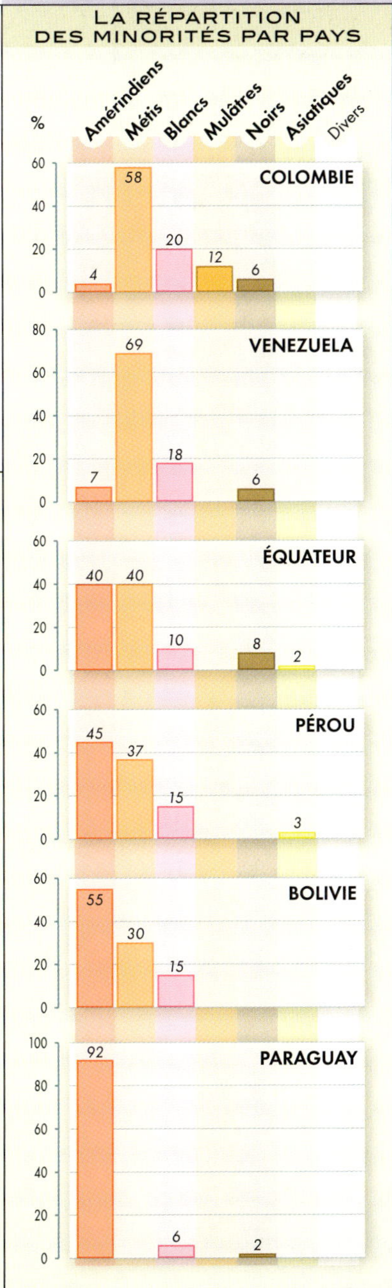

L'Équateur et le Pérou : des États pluriculturels

En Équateur, face à 10 % de « créoles » blancs, 8 % de Noirs afro-équatoriens et 2 % d'Asiatiques, les Métis et Indiens constituent 80 % d'une population répartie, d'est en ouest, en trois bandes : la côte, surtout hispanique, puis la sierra andine et, enfin, l'Orient amazonien, ces deux dernières à majorité amérindienne. Si le castillan est bien la langue de 78 % de la population, l'État est déclaré « pluriculturel et multiethnique » et les langues ancestrales sont devenues officielles pour les peuples indigènes, comme les Kichua qui constituent un tiers de la population du pays, mais aussi les 50 000 Shuar (ex-Jivaro).

Au Pérou, 80 % de la population sont hispanophones et 20 % parlent des langues indiennes, dont 17 % celle des Kichua. Avec près de 15 millions de membres sur quatre pays, les Kichua constituent numériquement, après les Kurdes et les Berbères, le troisième « peuple sans État » du monde. Leur langue fut pendant cinq siècles celle de l'Empire inca, puis la principale « langue générale » de la prédication catholique. Elle est, avec l'aymara, l'une des deux langues « co-officielles régionales » du Pérou, à côté des autres langues « aborigènes », mais dont l'enseignement ne reste qu'optionnel et seulement dans le primaire. Ce qui maintient la prédominance culturelle des 15 % de Péruviens d'origine européenne.

Suprématie du castillan en Bolivie et au Paraguay

En Bolivie, 55 % d'Indios indigènes et 30 % de métis (incluant les *mestizos* purement hispanohones et les *cholos* bilingues) font face à 15 % de Ladinos blancs. Quatre millions de castillanophones cotoient donc trois millions d'individus parlant le kichua et deux l'aymara. En 2005, un premier président indien est élu, Evo Morales, un Aymara qui se prononce contre l'« État colonial » et dont la démarche culturelle reste à préciser. Au Paraguay, l'exceptionnelle majorité de 92 % de « métis » et de 2 % d'« indigènes » écrase numériquement les 2 % de Blancs, 2 % de Noirs et 2 % d'immigrants asiatiques ou autres. De même, le guarani, parlé par 88 % des habitants (39 % de monolingues et 49 % de bilingues) dépasse de loin les 6 % de purs hispanophones. Aussi le guarani, depuis longtemps déclaré national, est maintenant officiel mais le castillan reste partout dominant, y compris dans l'enseignement.

LE BRÉSIL

La population du Brésil reflète l'histoire des trois apports fondamentaux. Première strate de la population, les Indiens, d'origine autochtone américaine, sont devenus très minoritaires (6 %) et peuplent toute la moitié ouest du pays, soit la moitié sous-peuplée du territoire. Les Blancs européens constituent la majorité (53 %), surtout dans le Sud. Enfin, les Noirs africains sont minoritaires (6 %), sauf si l'on prend en compte la descendance mixte euro-africaine des mulâtres qui représente plus du tiers des Brésiliens (38 %), concentrés dans le Nord-Est. Loin derrière, on trouve les métis euro-amérindiens (1 %) et différents apports asiatiques plus récents (2 %).

La minorité amérindienne

Les Indiens ne représentent que 0,2 % de la population du Brésil mais leurs 554 « réserves indigènes » occupent 946 000 km² et représentent 11,2 % du territoire national. Leurs 330 000 habitants, organisés en « communautés indigènes », gèrent ces terres situées dans les forêts d'où ces « sylvicoles » sont issus et dont la moitié parle encore les langues. Leurs 215 ethnies parlent 170 langues « natives » dont moins de dix ont plus de 5 000 locuteurs. La très grande majorité de ces langues ne compte que quelques centaines ou dizaines de locuteurs et risque de disparaître comme s'est éteint le nhengatu, élaboré et codifié comme « langue générale » des indigènes à partir de formes du tupi-guarani. Ces autochtones, qui étaient plus de 5 millions à l'arrivée des Européens, n'ont fait que décroître et sont tombés à 150 000 au milieu du XXe siècle. Si ces indigènes, natifs, sylvicoles et aisément identifiables, atteindront bientôt le demi-million, on doit aussi compter les 2 millions (1 %) de Brésiliens recensés comme « métis » euro-indiens et distingués des « mulâtres ». Le métis, ou *mestizo*, dit aussi *caboclo* ou *mameluco* comme le *cafuzo* afro-indien, fait partie des près de 2 millions de personnes n'ayant plus de liens avec les Indiens et fondues dans la population générale de l'est du pays.

> ***L'État protégera les manifestations des cultures populaires, indigènes et afro-brésiliennes, et des autres groupes participant à l'évolution culturelle nationale.***
> **CONSTITUTION DU BRÉSIL, 1988.**

La minorité blanche

Il n'est pas facile, lorsqu'on regarde les recensements, de savoir quelle communauté est numériquement majoritaire. Cependant, même si les Blancs représentent une minorité numérique, il est évident qu'ils constituent la communauté dominante, détentrice de la plus grande part des terres, du capital, des entreprises et des fonctions économiques, administratives, politiques et culturelles dans la société brésilienne.

LA PART DE LA POPULATION AMÉRINDIENNE

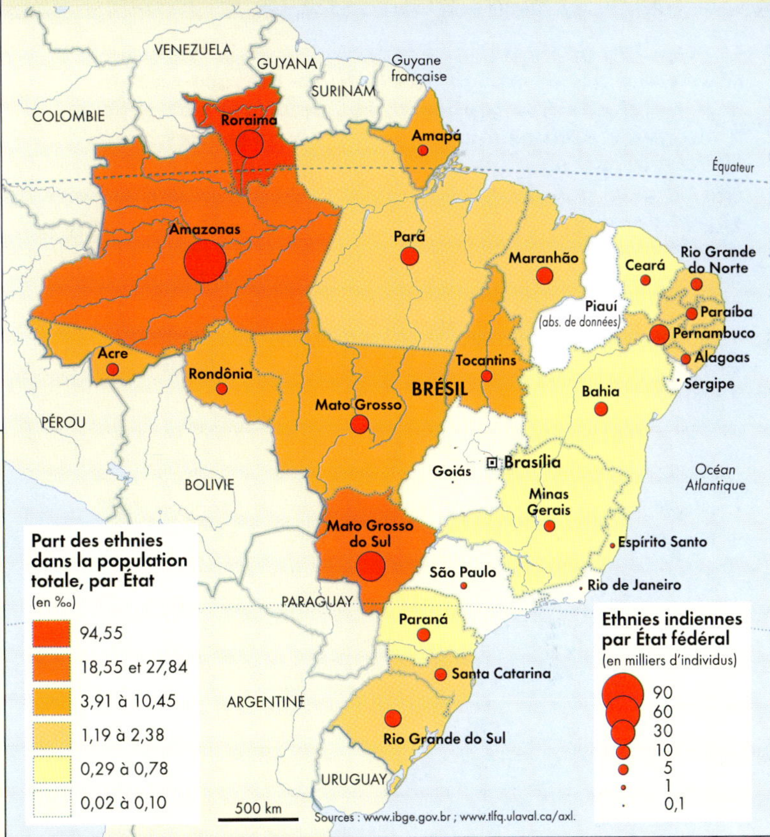

Les Afro-Brésiliens, majorité numérique, minorité sociale

Les Brésiliens d'ascendance africaine sont systématiquement divisés en Noirs (8 % en 1990 et 6 % en 2002) et mulâtres (50 % et 38 %). L'ensemble afro-brésilien oscille ainsi entre 58 % et 44 % de la population face à 40 % ou 53 % de Blancs. Il représente donc soit la majorité soit la première minorité du pays. Mais la distinction classique fondée sur la race (*raça*) cède de nos jours devant celle de la « couleur » (*cor*), qui oppose au blanc (*branco*) le noir (*preto*) et le « gris » (*pardo*) des sang-mêlés, mulâtres (*mulatos*) ou autres. Cette distinction de « couleur de peau dominante » oppose le Brésil blanc du Sud au Brésil métis du Nord, sans oublier bien sûr les Noirs et les Indiens. L'ensemble des mulâtres et des Noirs associe deux communautés dominées d'origine commune, désignables comme celles d'Afro-Brésiliens. Si les Noirs ont globalement une position économique et sociale inférieure à celle des mulâtres, ces derniers ont une position similaire vis-à-vis des Blancs. Le principal fossé, au niveau des préjugés comme des réalités, est celui qui sépare les Blancs de tous les hommes de couleur, quelle que soit l'ampleur numérique exacte de chaque communauté. Si la statistique permet de faire un état des lieux numérique, tantôt des gens de couleur, tantôt des Blancs, c'est la réalité des rapports humains qui dit lesquels sont, en permanence, « minorisés » socialement.

Des vagues d'immigration successives

Parmi les flots d'immigrants quittant l'Europe pour trouver aux Amériques des terres, du travail et la liberté, le Brésil fut naturellement la principale destination des Portugais, mais aussi celle de beaucoup d'Allemands, d'Italiens, d'Espagnols, de Polonais, d'Ukrainiens et de Juifs. Au XXe siècle, le Brésil fut aussi le principal pays d'émigration des Libanais et des Japonais. Ces immigrants se sont retrouvés dans des quartiers urbains et des zones de peuplement rural plus ou moins homogènes. Les quatre États du Sud accueillirent notamment une population massivement allemande, italienne, slave (Rio Grande do Sul, Santa Catarina et Paraná), ou japonaise (São Paulo). Cette population d'immigrants s'est dissoute graduellement par assimilation à la société lusophone.

L'une des minorités locales est celle, toute petite, des créoles francophones de l'État d'Amapá dont la frontière avec la Guyane française n'a été fixée qu'au XXe siècle. Estimés à près de 30 000 personnes, ces créoles parlent encore le lanc patua (langue patois). Le bas allemand (*Plattdeutsch*) des 111 000 colons mennonites (chrétiens protestants) installés au Brésil, comme d'autres au Guatemala et ailleurs, est plus résistant et bénéficie d'une solide reconnaissance culturelle. Enfin, à partir de l'importante minorité des descendants de colons japonais, s'amorce un courant de retour vers le pays ancestral qui subit un fort déclin démographique et répugne à accueillir des immigrants.

LES MINORITÉS

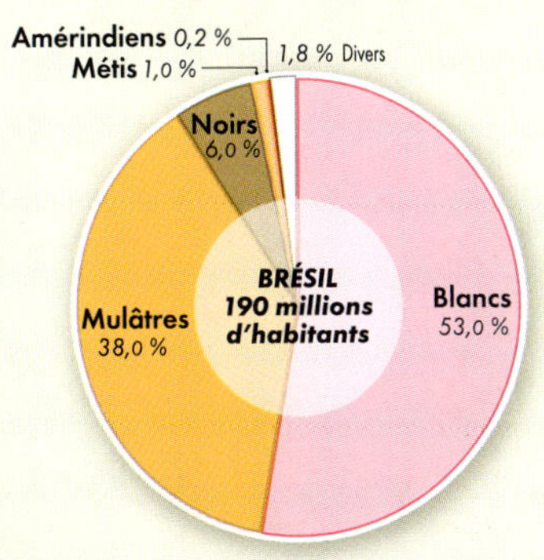

LE CÔNE SUD

Le cône Sud de l'Amérique regroupe trois pays qui reflètent à des degrés divers la triple composition de la population de ce continent. Les deux pays atlantiques n'ont que d'infimes minorités non européennes. L'Uruguay est un pays de quasi pure population blanche (88 %) avec peu d'Africains (4 %), presque plus d'Indiens et peu de métis (8 %). L'Argentine compte 85 % de Blancs, une frange marginale d'Indiens (2 %) et de métis (13 %) du côté des Andes et presque pas de Noirs. Le Chili, à l'instar des autres pays andins, est peuplé par une majorité de métis (66 %) au milieu de minorités de Blancs (25 %), d'Indiens (6 %) – dont le demi-million de Mapuche –, et d'autres (3 %).

LE CÔNE SUD

Le Chili, un pays andin

Au Chili, les Indiens sont 6 % de la population. À l'extrême nord, dans les Andes, vivent quelques dizaines de milliers de Kichua et d'Aymara. Mais surtout, au sud de Santiago, demeurent les Mapuche, ex-Araucans ou « insoumis », qui avaient maintenu l'Araucanie indépendante et avaient réussi à repousser les Incas au XVe siècle, puis les Espagnols et les Chiliens jusqu'en 1862 et 1871, dates où fut battu son dernier roi, le Français Antoine Tounens dit Orélie-Antoine Ier, par l'armée de la nouvelle république du Chili. Encore majoritaire dans les zones élevées de son territoire, le demi-million de Mapuche, disséminés pour le travail jusqu'à Santiago, sont conscients de leur ethnicité et soucieux du maintien du mapudungu, parlé encore par la moitié d'entre eux. Au sud, jusqu'à l'île de Chiloé, vivent leurs cousins, les 200 000 Huilliche, presque entièrement hispanisés.

Plus au sud, les peuples de la famille chon ont, comme en Argentine, prati-

> « *L'État reconnaît comme ethnies indigènes principales du Chili : les Mapuche, Aymara, Rapanui, les communautés atacameña, quechua et colla du nord du pays, les communautés kawashkar et les Yamana des région australes.* »
>
> CHILI, LOI DE 1993.

Héritage colonial en Uruguay

L'Uruguay est un pur pays de colonisation européenne. Jusqu'à l'abolition de l'esclavage au Brésil, les Noirs africains n'y ont pas été introduits et les Amérindiens ont quasiment disparu, ne laissant que de rares métis largement assimilés. Seuls les immigrants européens non hispaniques, arrivés à partir du XIXe siècle et graduellement assimilés à Montevideo et dans les aires rurales, font figure de minorité.

quement disparu. Ceux du sous-groupe patagon, ou tehuelche – comme les Taluche du Chili central – ont été exterminés. Une vingtaine de peuples du sous-groupe fuégien, comme les Alakaluf ou Kawesqar, survivaient encore à Puerto Eden à la fin du XXe siècle. Au Chili et en Argentine, on ne compte plus que sur les doigts d'une seule main les survivants des deux peuples nomades marins, dits « Indiens en canot », de la Terre de Feu (les Ona divisés en Selk'Nam et Hansch, et les Yaghan ou Yamana). Les 2 800 habitants de l'île de Pâques ou Rapa Nui (« Nombril du Monde ») sont composés essentiellement par des descendants des anciens indigènes, jadis déportés dans des plantations du Pérou puis parqués. Ils sont dorénavant 2 000 sur l'île et 500 au Chili et ailleurs. Leur langue, polynésienne, est le pascuan ou rapanui.
Enfin, chez les Chiliens, où l'ascendance africaine est quasi invisible, l'immigration non hispanique compte surtout des Allemands, installés en colonies agricoles autour de Puerto Montt, des Asiatiques et des Syro-Libanais.

LA PART DES INDIGÈNES PAR PROVINCE EN ARGENTINE

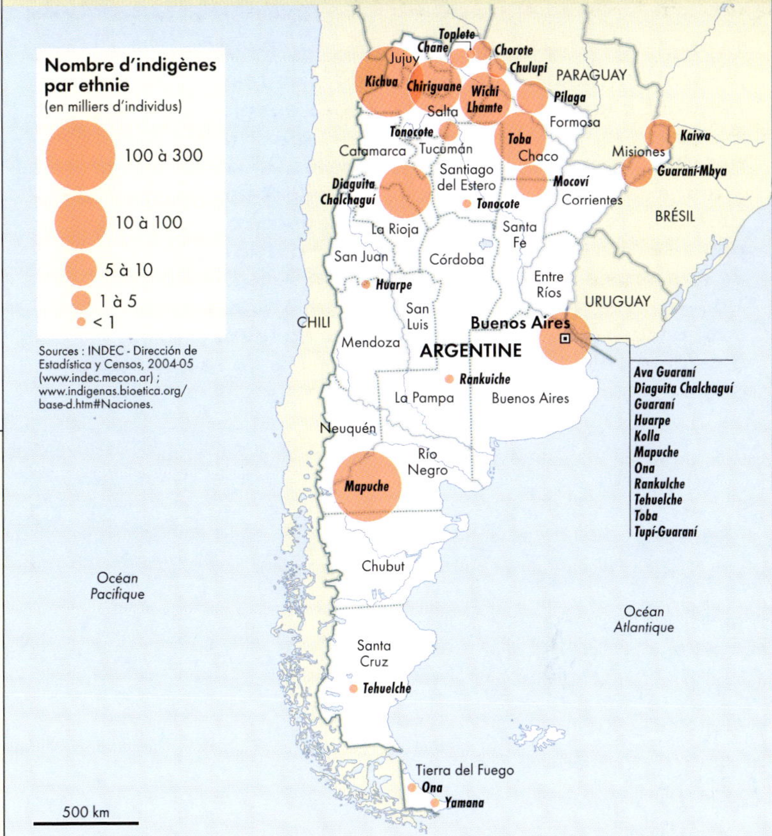

L'Argentine, un pays marqué par la colonisation espagnole

L'Argentine est un pays typique de colonisation espagnole, sans esclavage de plantations, où les populations amérindiennes ont été réduites à des positions périphériques frontalières et où les minorités les plus considérables descendent des vagues d'immigrants européens non hispaniques ayant afflué à partir du XIXe siècle.
Les Amérindiens vivent surtout au nord-ouest du pays en nappes transfrontalières débordant de la Bolivie et du Paraguay. Les Kichua ou Quechua (1 million) sont répartis en deux groupes : 900 000 frontaliers dans les Andes de l'extrême nord-ouest, dont plus de la moitié travaille à Buenos Aires, et 100 000 installées 400 kilomètres au sud de leur territoire des Andes, dans les plaines du Gran Chaco, autour de Santiago del Estero, et qui sont en voie d'hispanisation plus intense. Le long de la frontière paraguayenne, vivent moins de 100 000 Indiens appartenant à plus de quatre ethnies distinctes, et moins de 50 000 autres, apparentés aux Guarani, se trouvent dans la bande de territoire argentin entre le Paraguay et le Brésil.
Dans les Andes, dominant le sud de la Pampa et le nord de la Patagonie, demeurent 50 000 Mapuche, frères du demi-million d'Araucans chiliens. Mais la Patagonie et la Terre de Feu ont vu totalement disparaître leurs indigènes, de la famille Chon, qu'il s'agisse des Tehuelche, authentiques Patagons, ou des Fuégiens, Ona et Yamana, qui, au total, étaient moins d'une cinquantaine dans la dernière décennie du XXe siècle.
Une modification de la Constitution a spécifié en 1994 qu'il fallait reconnaître la « préexistence ethnique et culturelle des peuples indigènes argentins », mais aucune mesure précise ne l'accompagnait. En 2000, l'Argentine a ratifié la Convention relative aux peuples indigènes et tribaux de l'OIT. En fait, les principales minorités ont été celles des immigrants non hispaniques, notamment italiens, qui ont mis longtemps à s'assimiler, que ce soit dans l'aire métropolitaine de Buenos Aires ou dans les grandes zones de colonisation agricoles le long du Paraná, dans le Chaco ou la Pampa.

AUSTRALIE, NOUVELLE ZÉLANDE, NOUV

Les trois principales îles du sud-est du Pacifique présentent trois situations très différentes de l'opposition majorité-minorité entre autochtones et colonisateurs. En Australie, les Aborigènes, après avoir failli disparaître, ont récemment doublé, dépassent les 2 % et jouissent d'un statut de reconnaissance. En Nouvelle-Zélande, les 13 % de Maori retrouvent la situation égalitaire initialement promise, après avoir été largement déculturés. En Papouasie-Nouvelle-Guinée, les 99 % d'indigènes, Papous et Mélanésiens, formellement souverains, sont encore largement dépendants de leurs cadres d'origine européenne représentant 1 % de la population.

L'AUSTRALIE ET LA NOUVELLE-ZÉLANDE

La Nouvelle-Zélande, une forte minorité maorie

En Nouvelle-Zélande, les colonisateurs britanniques trouvent des indigènes différents de ceux d'Australie : les Maori, de langue polynésienne proche de celle de Tahiti. En 1840, le traité de Waitangi, rédigé en anglais et en maori et signé par 500 chefs maori, fait de la Nouvelle-Zélande une colonie où les autochtones doivent conserver leurs terres. En fait, ils sont spoliés de 85 % de ces terres, refoulés et décroissent en nombre. Après la Seconde Guerre mondiale, les Maori recouvrent une partie de leurs terres et leur langue devient officielle en 1987, à égalité avec l'anglais. Mais sur le demi-million de Maori, guère plus d'un sur dix a gardé cette langue comme maternelle. À côté de la majorité européenne (80 %), britannique à 76 % ou anglicisée, se situe la forte minorité maori (13 %), à laquelle s'ajoutent 5 % d'autres Polynésiens des archipels dépendants de la Nouvelle-Zélande et 2 % d'Asiatiques (Indiens, Vietnamiens et Chinois).

« La reine d'Angleterre confirme et garantit aux chefs et aux tribus de Nouvelle-Zélande et à leurs familles et individus respectifs le plein exercice et la calme possession de leurs terres, biens, forêts, pêcheries et autres propriétés… »

ELLE-GUINÉE

Le dur combat des Aborigènes et autres indigènes

En Australie, face aux 20 millions d'immigrants, vit un demi-million d'Aborigènes. Isolés dans cette île depuis quarante millénaires, ils ont conservé leur type physique, leurs langues, leur organisation sociale et leur système économique, distincts de ceux des peuples des archipels voisins.

L'Australie blanche. Un million à l'arrivée des Anglais, ils subirent le refoulement vers les espaces arides, la chasse à l'homme, la contamination des maladies et l'enfermement dans des « réserves ». De 1880 à 1967, de 40 000 à 100 000 jeunes enfants furent capturés et donnés aux familles de colons. Ainsi ils ne furent plus que 60 000 vers 1920. Seul l'abandon, dans les années 1960, de la politique de « l'Australie blanche » a permis aux Aborigènes de cesser de décroître. En 1991, on en recense 238 000, aux côtés de 27 000 Mélanésiens des îles du détroit de Torres et d'environ 100 000 métis. L'ensemble des indigènes passe de 350 000 en 1996 à 460 000 en 2006, soit 2,2 % de la population.

Droits linguistiques. Ils ont dorénavant des droits sur leurs terres et les 200 langues (dont moins de dix ont de mille à quatre mille locuteurs) parlées par moins d'un tiers des Aborigènes sont reconnues. Deux créoles (cap York et kriol australien) s'étendent comme parlers secondaires ou maternels.

Dispersion des minorités. Un fort exode rural a entraîné les deux tiers des Aborigènes. Ils ne forment une minorité de près d'un tiers de la population que dans le Territoire du Nord. En Tasmanie, les indigènes, de langue indo-pacifique, apparentée à celle des Papous, furent tous exterminés. Le dernier Tasmanien est mort en 1876 mais des centaines d'habitants de l'île se réclament d'une ascendance provenant de ce peuple. Enfin, dans l'île Christmas vivent des mineurs chinois et malais et, dans les îles Cocos ou Keeling, à côté des Malais autochtones, les Britanniques de la base aéronavale.

La Nouvelle-Guinée

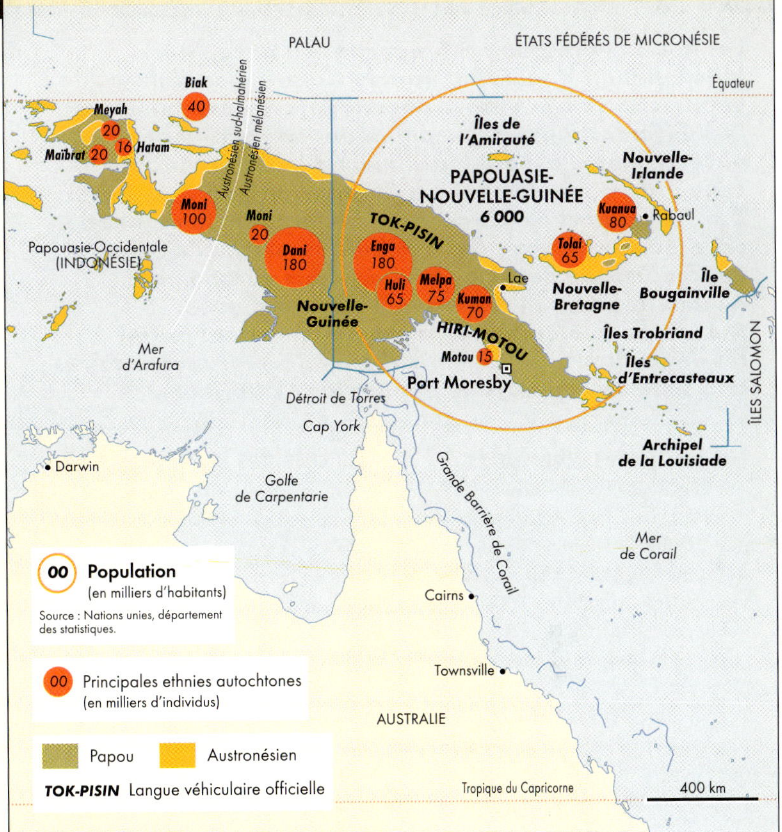

Les situations variées des peuples autochtones

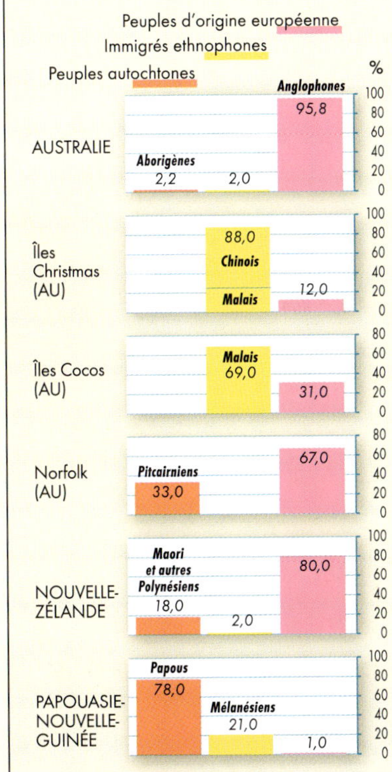

Papous et Mélanésiens

La Nouvelle-Guinée est partagée en deux. L'Ouest, ou Papouasie-Occidentale, territoire plus ou moins autonome de l'Indonésie, compte 5 millions d'habitants. À l'Est, on trouve les 5,5 millions d'habitants de l'État indépendant de Papouasie-Nouvelle-Guinée. Les autochtones se partagent entre les Papous, les plus anciens habitants, dont le millier de langues appartient à la famille indo-pacifique, et des Mélanésiens installés plus tardivement sur les côtes, constituant un cinquième de la population et connaissant un morcellement ethnolinguistique et un développement culturel comparables. Les 50 000 cadres, surtout australiens, sont la seule minorité visible (moins de 1 %). L'anglais reste la langue officielle, accompagnée de deux langues véhiculaires locales reconnues administrativement : au nord, le tok-pisin (« parler pidgin ») à base anglo-mélanésienne et, au sud, le hiri-motou (« motou du commerce »), mélanésien.

LE PACIFIQUE

Les îles du Pacifique sont réparties en onze États, indépendants depuis la Seconde Guerre mondiale, et onze territoires encore dépendants d'États extérieurs. Ces différents ensembles politiques se partagent virtuellement l'espace maritime, ne laissant aucune terre, même inhabitée, hors d'appartenance à un État. Dans la plupart de ces pays, la majorité de la population est océanienne, avec deux minorités issues d'éléments extérieurs, soit des anciens dirigeants européens ou américains, soit des travailleurs asiatiques. Au sein de quelques-uns de ces pays, surtout parmi les dépendants, les Océaniens sont devenus minoritaires à la suite des apports de populations extérieurs.

Les territoires américains

Aux Hawaï, les Polynésiens sont 9 %. Aux Mariannes, les travailleurs philippins, chinois, coréens et japonais font de l'ombre aux Chamorro et Caroliniens. À Guam, Chamorro et Palauans dominent les Asiatiques et les Américains de la base. Aux Samoa orientales, 2 % d'Américains font face aux Polynésiens. Midway, Wake et Johnston sont peuplés d'Américains tandis que Palmyra, Howland, Baker et Jarvis sont déserts.

Du côté des territoires français

Dans la collectivité d'outre-mer (COM) de Nouvelle-Calédonie, les Mélanésiens, Kanak, cohabitent avec les Français, colons installés depuis longtemps dits « caldoches » ou cadres métropolitains dits « métros » et des Vietnamiens, Javanais, Chinois ou Polynésiens (Wallisiens et Futuniens, Vanuatuans et Tahitiens). Les Kanak parlent 28 langues différentes, dont les cinq plus répandues – drehu (15 000), païci (6 000), neugone (6 000), ajië (5 000) et xaracu (4 000) – sont enseignées. Dans la COM de Wallis-et-Futuna il n'y a environ que 400 cadres français à côté des autochtones polynésiens qui ont beaucoup émigré en Nouvelle-Calédonie où ils sont maintenant plus nombreux que dans leur archipel. Dans la COM de Polynésie française, les Polynésiens parlant maori (maohi) sont majoritaires (80 % en incluant 20 % de métis dits « demis »), face aux Français locaux (6 %) ou « métros » (4 %) et aux Asiatiques, surtout chinois. Le tahitien, parlé par près de la moitié des Maori, y est enseigné.

Les survivants du *Bounty*

Pitcairn, minuscule (4, 7 km²), a une population très faible. En 2005, l'île compait 67 habitants. Peuplée de Polynésiens jusqu'au XVe siècle, ses premiers colons arrivèrent en 1789. Il s'agissait des survivants du *Bounty* : 8 mutins anglais, accompagnés de 18 Tahitiens et 12 Tahitiennes avec quelques enfants. Devant l'exiguïté de l'île, une fois la population agrandie, ils commencèrent à émigrer à Tahiti en 1831. En 1856, le gouverneur de Pitcairn – britannique en 1838 – offrit aux habitants de s'installer dans l'île Norfolk, bien plus grande. Ce que les 194 Pitcairniens acceptèrent, sauf une cinquantaine qui ont volontairement préféré retourner dans leur île d'origine. Les descendants anglo-polynésiens de l'équipage du *Bounty* peuplent donc deux îles éloignées de 800 km et y parlent un créole anglo-tahitien, nommé pitkern ou norfuk. Très majoritaires à Pitcairn, ils ne sont qu'un tiers des 2 000 Norfolkais, face à des Australiens et Néo-Zélandais.

LA POPULATION OCÉANIENNE

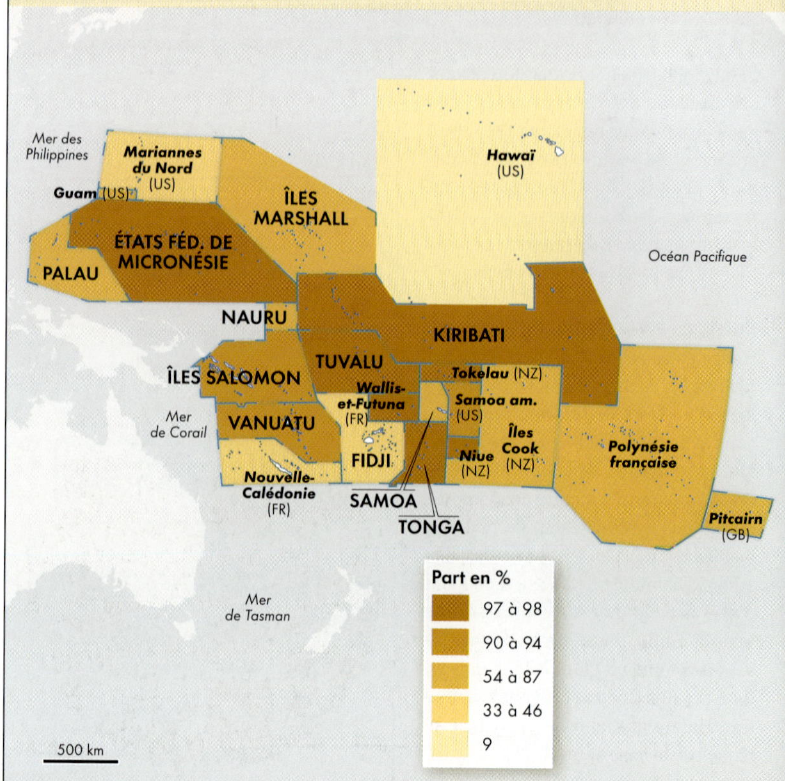

ORIGINE DES POPULATIONS DU PACIFIQUE

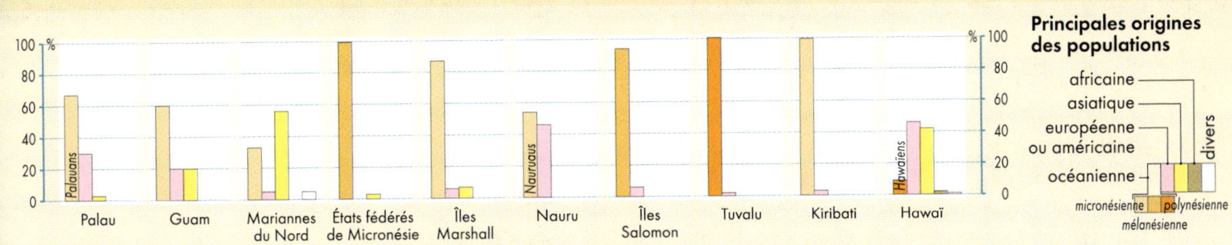

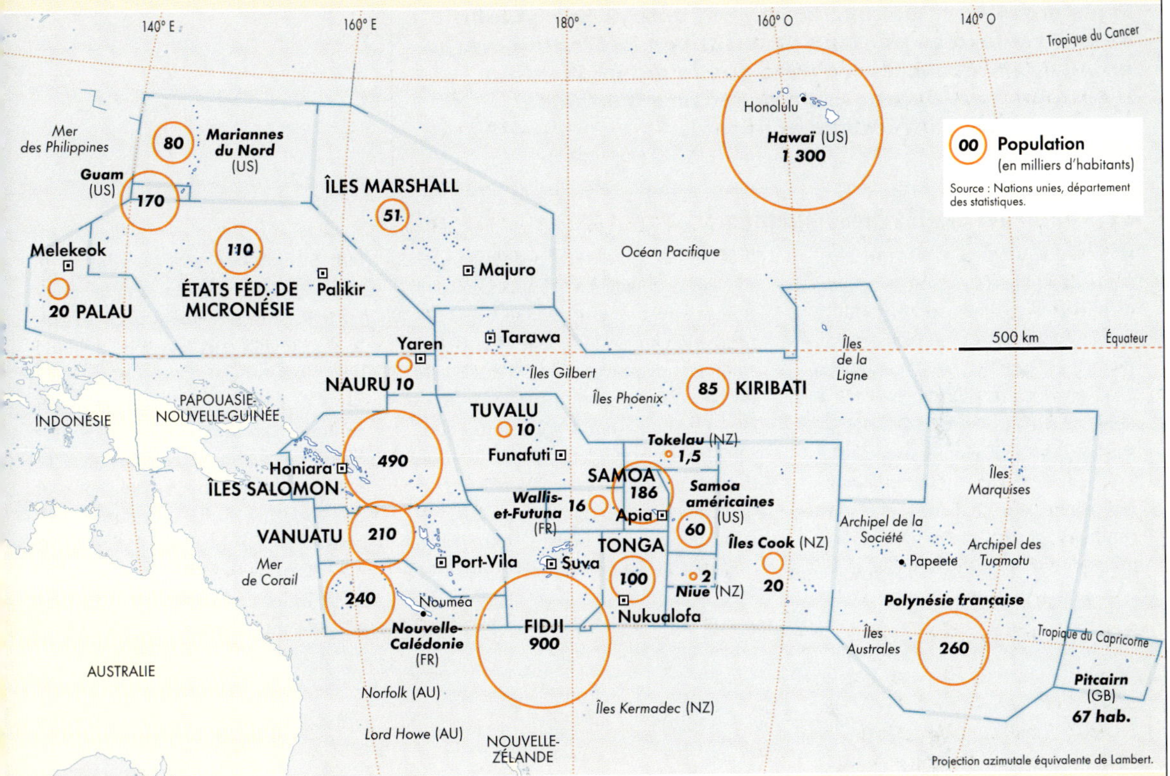

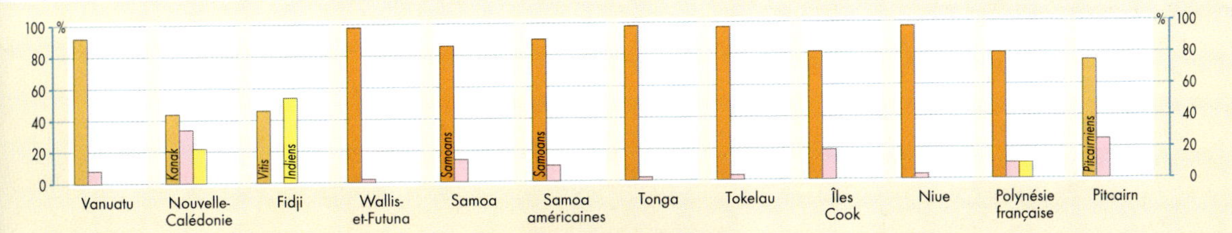

Îles Fidji

Aux îles Fidji, britanniques en 1874, le refus des autochtones de travailler dans les plantations de canne à sucre entraîna l'importation d'Indiens devenus les Indo-Fidjiens parlant hindoustani, qui ont fini par dépasser en nombre les Mélano-Fidjiens de langue viti. Une minorité chinoise et moins de 5 000 Britanniques y vivent aussi. « L'anglais, le fidjien et l'hindoustani ont un statut égal dans l'État », dit la Constitution de 1997.

> *Le français, le tahitien, le marquisien, le paumotu et le mangarevien sont les langues de la Polynésie française. La langue tahitienne est une matière enseignée. [Elle] peut être remplacée par l'une des autres langues polynésiennes.**

Les petits archipels océaniens

Les étrangers ont été attirés à Nauru par l'exploitation des phosphates (54 %) et au Palau par les bases militaires (30 %). Ailleurs, à côté des minorités d'Océaniens voisins, les autochtones représentent plus des trois quarts de la population : 81 % aux îles Cook, 86 % aux Samoa occidentales, 87 % aux Marshall. En règle générale, les majorités autochtones dépassent les 90 % et ne laissent que d'infimes minorités asiatiques ou européennes.

PERMANENCES ET ÉVOLUTIONS

Le phénomène minoritaire, qui s'étend à travers le monde à presque tous les États, peut évoluer dans un sens positif d'aménagement de la convivialité, bien que de nombreux conflits perdurent encore et que de nouveaux puissent se manifester. Au seuil du XXIe siècle, il est intéressant de voir quels facteurs pourraient permettre une amélioration des situations ou, au contraire, leur possible aggravation. Si les procédures de conciliation ont prouvé leur valeur et sont renforcées par les organisations internationales, on peut, en revanche, craindre que la mondialisation n'entraîne une juxtaposition de masses humaines de plus en plus différentes et hostiles.

Vers la fin des siècles de domination ?

La situation des minorités varie beaucoup suivant les pays, entre une place officielle avec des territoires autonomes et la non-reconnaissance allant jusqu'au génocide. Le 13 septembre 2007, au terme de plus de vingt ans de débats, l'ONU a adopté la Déclaration sur les droits des peuples autochtones impliquant celui à l'autodétermination. Les peuples ont ainsi droit « d'être autonomes et de s'administrer eux-mêmes pour tout ce qui touche à leurs affaires intérieures », de « disposer des moyens de financer leurs activités autonomes » avec « la reconnaissance et la protection juridique de leurs terres, territoires et ressources ancestrales », « de ne pas subir une assimilation forcée », de « pratiquer leurs traditions, coutumes et rites religieux et spirituels », de « revivifier, utiliser, développer et transmettre aux générations futures leur histoire, leur langue, leurs traditions orales, leur système d'écriture et leur littérature », et « d'établir et de contrôler leurs propres systèmes scolaires ». Seuls les États-Unis, l'Australie, le Canada et la Nouvelle-Zélande ont voté contre, à côté de onze abstentions (Colombie, Ukraine, Russie, Géorgie, Azerbaïdjan, Nigeria, Burundi, Kenya, Bhoutan, Bangladesh et Samoa). On peut ainsi voir, à l'aube du XXIe siècle, quels sont les États qui craignent le plus leurs minorités…

MIGRATIONS INTERCONTINENTALES ET PRINCIPALES DIASPORAS

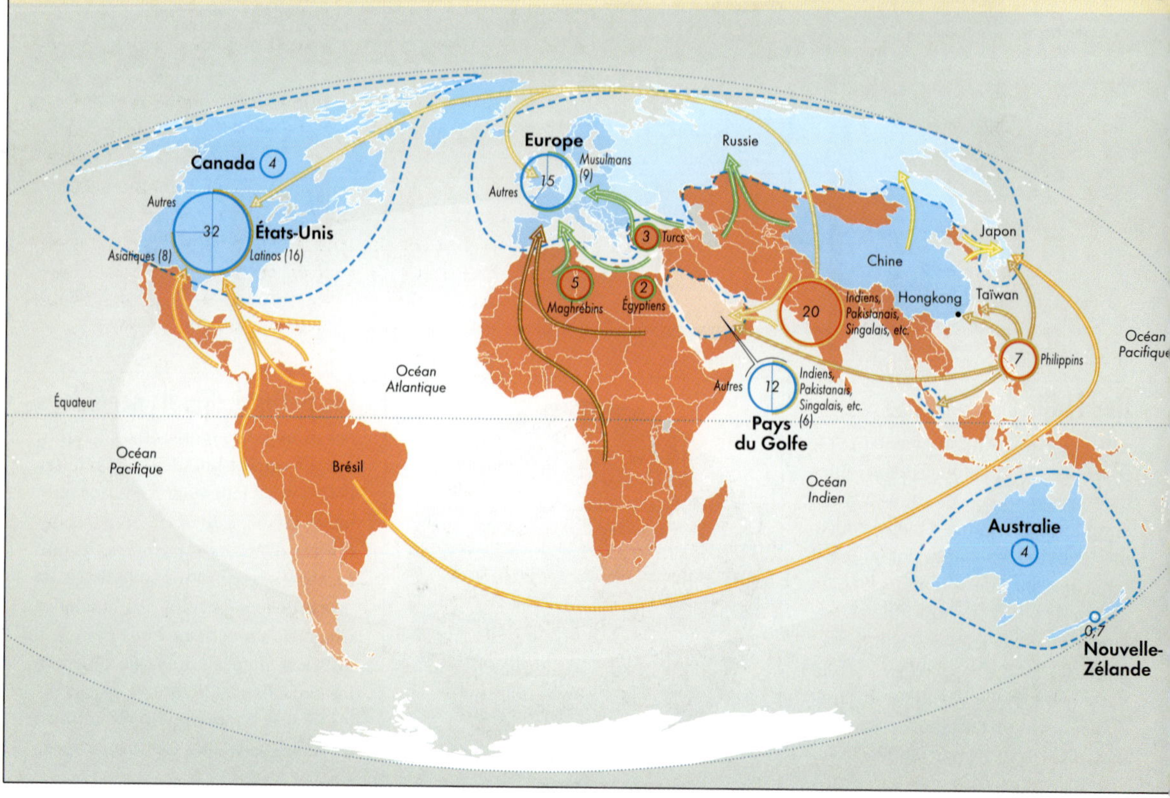

LES MINORITÉS AUTOCHTONES PERSISTANTES

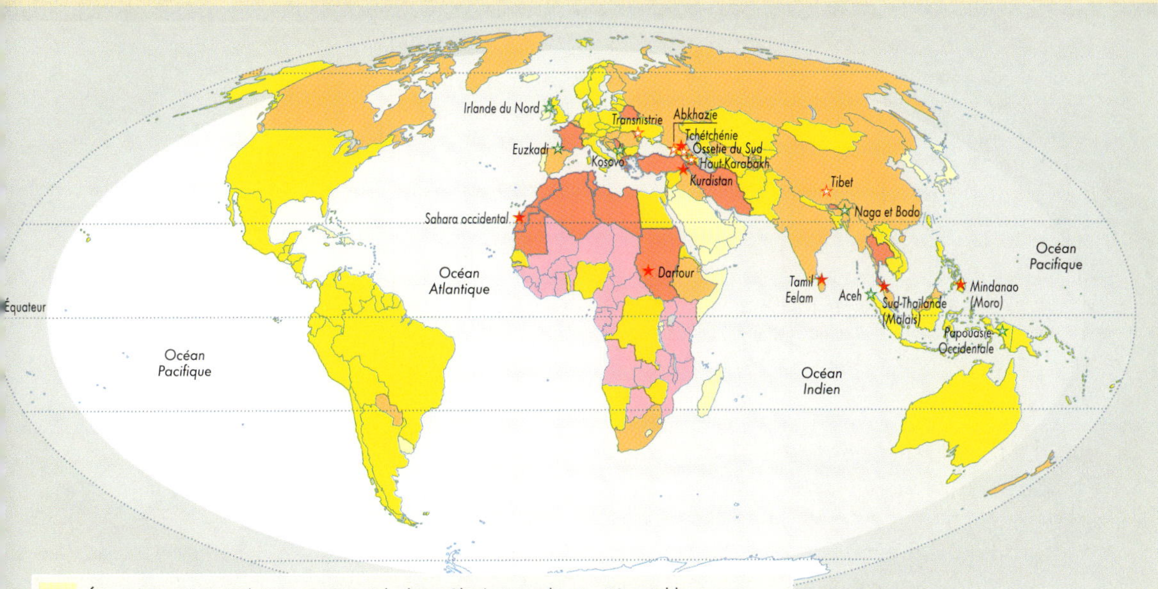

- États à homogénéité ethnique permettant de dire qu'ils n'ont pas de minorités notables
- États ayant une certaine diversité ethnolinguistique reconnaissant leurs minorités, mais sans leur aménager une place spéciale
- États à diversité ethnolinguistique reconnue officiellement dans la structure de l'État qui leur aménage une place pouvant aller jusqu'à la délimitation de territoires, plus ou moins autonomes
- États à majorité nationale dominante ne reconnaissant pas les minorités
- États à diversité ethnique fondamentale, non reconnue administrativement, mais sans majorité dominante

Derniers conflits minoritaires

- ★ Conflits armés perdurant
- ☆ Conflits non armés perdurant
- ☆ Conflits réglés ou en voie de règlement

CONTEMPORAINES

Aires de migration

Pays industrialisés
- en déclin démographique
- à population stabilisée

Pays en développement
- à fort surplus de main-d'œuvre
- à déficit de main-d'œuvre
- à très fort déficit de main-d'œuvre

Zones d'immigration

Nombre d'immigrés (en millions d'individus)
- (00) vers les zones d'immigration
- (00) depuis les régions de départ

Diasporas

Principaux flux migratoires actuels
- Chinois, Coréens
- Indiens
- Philippins
- Musulmans
- Africains
- Latinos

La dynamique des minorités à l'échelle planétaire

Aujourd'hui, la mondialisation oppose aux quatre aires développées du Nord – Amérique du Nord, Europe et Russie, Japon, et Australie-Nouvelle-Zélande –, auxquelles il faut ajouter celle des pays arabes du Golfe, toutes en déficit de main-d'œuvre, l'immense zone des pays en voie de développement du Sud couvrant la majeure partie des Amériques, de l'Afrique et de l'Asie, qui regorge de candidats à l'émigration. À côté des décalages concernant l'industrialisation, les revenus et la consommation, une profonde différence de comportement démographique clive ces deux univers. La natalité a baissé si fortement dans certains pays industrialisés qu'ils ne peuvent plus assurer le renouvellement des générations, tandis que la plupart des pays des Sud sont indiscutablement surpeuplés. Ce décalage a déjà entraîné de forts courants d'émigration des Sud vers les Nord, qui ne sont pas prêts de diminuer. L'implantation rapide de masses de travailleurs, marquées par de grandes différences de race, de langue, de religion et de mode de vie, les sépare des populations des pays d'accueil, où ces nouvelles minorités posent des problèmes de cohabitation, d'installation temporaire ou permanente, et d'intégration ou d'assimilation. Des aspects particuliers voient le jour selon que ces masses sont perçues comme étant hispaniques, noires, musulmanes, asiatiques, etc.

Ainsi, le sort de ces minorités illustre l'inéluctable rencontre des civilisations qui doit marquer le XXIᵉ siècle. Sur fond de clash ou de symphonie ?

> **« *De la solution de la question minoritaire dépendra en grande partie la paix de demain. Le XXIᵉ siècle sera le siècle des identités et des particularismes ethnico-nationaux, culturels et cultuels.* »**
>
> **JOSEPH YACOUB, *LES MINORITÉS. QUELLE PROTECTION ?*, 1995.**

Des minorités et leurs drapeaux

Sikhs
Inde
Sikkim
Inde
Aceh
Indonésie
Moluques du Sud
Indonésie
Papouasie-Occidentale
Indonésie
Kurdistan
Irak (& Iran, Turquie)
Assyriens
Irak (& Iran, Turquie)
Turkmènes
Irak (& Iran, Turquie)
Arabistan, Khuzistan
Iran
Azerbaïdjan du Sud
Iran
Aïnous
Japon
Îles Ryukyu
Japon
Druzes
Liban (& Syrie, Palestine, Israël)
Berbères ou Imazighen
Maroc (& Algérie)
Sahara occidental
Maroc
Chagossiens ou Zilois
Maurice
Île Rodrigues
Maurice
Maori
Nouvelle-Zélande
Karakalpakie
Ouzbékistan
Azad Kashmir
Pakistan
Baloutchistan
Pakistan
Hunza
Pakistan
Pachtouns
Pakistan
Kuna
Panamá (& Colombie)
Île Bougainville
Papouasie-Nouvelle-Guinée
Aymara "Wiphala"
Pérou (Bolivie, Équateur)
Inca (Quechua/Aymara)
Pérou (Bolivie, Équateur)
Ilocano
Philippines
Moro
Philippines
Haut-Altaï (Oïrates)
Russie (Asie)
Bouriates
Russie (Asie)
Dolganes & Nenets
Russie (Asie)
Evenks
Russie (Asie)
Khakasses
Russie (Asie)
Khantys & Mansis
Russie (Asie)
Koriaks
Russie (Asie)
Nenets du Iamal
Russie (Asie)
Sakha ou Yakoutes
Russie (Asie)
Tchouktches
Russie (Asie)
Touva (Touviniens)
Russie (Asie)
Casamance
Sénégal
Darfour
Soudan
Sud-Soudan
Soudan
Tamil Eelam
Sri Lanka
Malais
Thaïlande
Champa
Viêt Nam
Hmong (Miao, Mien)
Viêt Nam
Khmers Krom (Khmers du delta)
Viêt Nam
Khmers montagnards
Viêt Nam
Mnong (ex-Moïs)
Viêt Nam
Thay Dam (Thaïs montagnards)
Viêt Nam
Lozi
Zambie
Mthwakazi
Zimbabwe
LÉGENDE
Statut
Officiel
Non officiel
Usage
Institutionnel et/ou utilisé par les institutions locales
Politique et/ou revendicatif

GLOSSAIRE

Autochtone : qui est originaire du pays habité et sans ascendance provenant d'une immigration. Aborigène, indigène.

Autodétermination : processus permettant aux habitants d'un pays de déterminer leur statut politique, et pouvant mener à l'autoadministration ou à l'autogouvernement (*self-government*), comme à toute forme choisie d'autonomie ou d'indépendance.

Autonomie : droit d'accéder à un mode propre d'administration et de gouvernement jusqu'à un niveau choisi, dans un cadre décentralisé, particulier ou fédéral, ou jusqu'à l'indépendance.

Colonie : territoire administré par un État extérieur, souvent éloigné, avec ou sans statut d'autonomie, et provenant généralement d'une expansion impériale historique.

Communauté : collectivité humaine unie par certaines formes de culture historique, linguistique, religieuse, migrante ou autre, lui conférant une conscience propre et la distinguant de ses voisins en pouvant la mener à se considérer comme la majorité ou une minorité.

Droits humains : droits de chaque personne humaine individuelle et aussi des communautés existantes culturelles, ethniques ou autres qui désirent être reconnues et accéder à des droits collectifs.

Droit des minorités : droit pour les minorités d'être reconnues comme telles, de se développer à leur gré et de jouir d'avantages leur permettant de se consolider.

Empire : ensemble de territoires, voire d'États, relevant d'un gouvernement central commun.

Empire colonial : empire incluant, à côté d'un État souverain, dit métropolitain, des dépendances extérieures, généralement d'outre-mer, administrées avec ou sans statut particulier.

État : autorité politique gouvernant un territoire particulier indépendant, ou bien dans le cadre d'une structure fédérale.

État-nation : État correspondant à une nation propre, ou se prétendant comme tel. À distinguer des États multinationaux, supranationaux ou infranationaux.

Ethnie : communauté humaine unie par des caractères communs dont les principaux sont généralement la langue et la culture, mais aussi un territoire et une histoire propres.

Ethnocide : destruction de la personnalité culturelle d'une ethnie par élimination de sa langue, de sa culture et de sa conscience historique.

Fédéralisme : système administratif décentralisé donnant à chaque structure territoriale une certaine autonomie avec un gouvernement local coiffé par le gouvernement fédéral central. Le fédéralisme communautaire peut donner des pouvoirs spéciaux à des communautés cohabitant sur un même territoire.

Génocide : destruction d'une communauté humaine par l'extermination physique de ses membres.

Identité : ensemble des caractères communs permettant de déterminer l'appartenance d'individus à une même communauté.

Infranational : d'un niveau inférieur à la nation ou à l'État-nation, caractérisant les territoires non indépendants.

Millet : désignation turque, dans l'Empire ottoman, des nationalités ou ethnies reconnues, et ayant, de ce fait, droit à des quartiers urbains propres.

Minorité : communauté humaine ayant une position numériquement inférieure à celle de la communauté principale d'un pays ; et donc n'ayant généralement pas un pouvoir égal à celui de la majorité.

Nation : initialement peuple ayant un territoire, un État et une place historique reconnue et, depuis le XXᵉ siècle, tout État indépendant sujet de la vie mondiale : Société des Nations, Organisation des Nations unies.

Outre-mer : situation au-delà des mers des territoires coloniaux ou anciennement coloniaux du Sud, dépendant des puissances coloniales ou ex-coloniales, généralement du Nord. Pour l'Union européenne, ce sont des « régions ultrapériphériques ».

Particularisme : attitude d'une communauté manifestant son désir de sauvegarder son identité propre à l'intérieur d'un plus grand ensemble.

Peuple sans État : peuple reconnu mais dépourvu de structure politique propre.

Peuple sans territoire : peuple n'occupant seul aucun territoire propre et cohabitant avec d'autres peuples autochtones (par exemple, les Tsiganes).

Région : au niveau infranational, province découpant un pays donné ; ou, au niveau supranational, ensemble regroupant plusieurs pays sur un continent ou dans une partie du monde.

Sécessionnisme : attitude d'une communauté manifestant son désir de se séparer d'un ensemble dont elle fait partie. Équivalent de séparatisme.

Self-government : « autogouvernement », forme concrète d'autonomie.

Souveraineté : statut politique manifestant l'accès d'un État à un niveau d'indépendance absolue, suprême.

Supranational : d'un niveau supérieur à celui des nations et États-nations.

Tribu : communauté mineure fractionnant un groupe ethnique selon une parenté supposée.

Ultrapériphérique : qualificatif utilisé par l'Union européenne pour désigner les territoires d'outre-mer de ses États.

LANGUES ET RELIGIONS

Afro-asiatique : famille de langues groupant les branches sémitique, chamitique, couchitique, omotique et tchadique.

Alaouites ou Nusayri : chiites adeptes de Muhammad ibn Nusayr qui, au IXᵉ siècle, s'est proclamé prophète. Ils sont surtout implantés dans l'ouest de la Syrie, d'où ils dirigent en fait ce pays.

Altaïque : propre aux peuples issus de l'Asie centrale parlant des langues provenant de l'Altaï, divisées en trois branches principales : occidentale, ou turco-tatare, centrale ou mongole-toungouse et orientale ou coréenne-japonaise. Famille liée à la famille ouralienne dans la macro-famille ouralo-altaïque.

Amérindien : se dit de tous les peuples autochtones des Amériques, dont les langues, distinctes de celles provenant directement d'Asie (eskimo-aléoute et na-déné), se répartissent en une soixantaine de familles propres, comme celles des Iroquois, Sioux, Uto-Aztèques, Chibcha, Quechua, Aymara, Tupi-Guarani, Arawak, Carib, etc.

Animiste : relatif aux croyances religieuses de peuples aux cultures souvent dites « primitives », qui invoquent la place d'une multitude d'âmes animant la nature. L'animisme est encore largement répandu en Afrique noire, dans les populations arctiques et des minorités indiennes, indochinoises ou océaniennes.

Austro-asiatique : ensemble de peuples originaires de l'Asie du Sud-Est comprenant en Indochine le groupes môn-khmer, en Inde les groupes munda et nicobarais, et en Malaisie trois petites ethnies.

Austronésien ou malayo-polynésien : ensemble des peuples s'étant diffusés de la Malaisie à toutes les côtes et archipels d'Indochine, de Chine, d'Indonésie et de Madagascar, des Philippines et de toute l'Océanie. Leurs langues se répartissent en différents groupes correspondant à des localisations propres : formosien, indonésien (y compris indochinois et malgache), philippin, palauan, mélanésien, micronésien, polynésien.

Bouddhisme : religion née en Inde, au VIᵉ siècle avant notre ère, autour du prince Gautama, devenu le Bouddha, l'« Éveillé ». Revêtissant plusieurs formes distinctes : le « petit véhicule », dit *hinayana*, et le « grand véhicule », dit *mahayana*, qui inclut le lamaïsme. Cette religion est devenue dominante dans l'est de l'Asie.

Brahmanisme : terme pouvant désigner l'hindouisme en général, desservi par les prêtres, ou brahmanes, ou la dévotion propre au dieu créateur, Brahma, et, parfois, la vénération pour le *brahman*, « soi suprême », universel et vital, qu'hindous et bouddhistes peuvent atteindre par le *nirvana*, l'« extinction » de l'âme, ou *atman*, s'intégrant au cosmos.

Brahoui : seule ethnie dravidienne du nord-ouest du sous-continent indien, localisée au Pakistan, au centre de la province du Baloutchistan.

Chamitique ou hamitique : selon la Bible, langues des «fils de Cham». Branche occidentale des langues afro-asiatiques (de l'égyptien-copte au berbère) propres aux peuples vivant à l'ouest du Moyen-Orient.

Chiisme : forme seconde de l'islam regroupant les chiites ou partisans de l'imam Ali, cousin et gendre du prophète Mahomet qui l'aurait désigné comme son successeur. Les chiites, qui furent combattus par les califes Homeyyades de Damas, reconnaissent en la dynastie des imams, descendants d'Ali, leurs guides, fils et héritiers spirituels du Prophète. Mais ils se sont scindés au sujet de cette dynastie entre duodécimains, les plus nombreux, ismaéliens, ayant pour guide l'Aga Khan, et zaydites, surtout présents au Yémen.

Confucianisme : une des « trois voies » religieuses de la Chine, fondée sur la pensée du philosophe Confucius. Voir *Sin-jiao*.

Copte : relatif à la communauté chrétienne d'Égypte et à leur langue liturgique ; forme moderne de l'égyptien ancien.

Couchitique : propre aux peuples de l'ancien pays de Koush, allant de l'ouest de la mer Rouge jusqu'en Éthiopie. Grande branche méridionale des langues afro-asiatiques incluant la majorité des langues de la corne de l'Afrique.

Dardique : groupe de langues indo-européennes, intermédiaire entre les groupes iranien et indo-aryen, géographiquement à cheval sur l'Afghanistan, le Pakistan et l'Inde, et d'où provient, sans doute, le tsigane.

Dravidien : ensemble des peuples du sud de l'Inde relevant d'un groupe linguistique propre.

Éthiopienne : dans la famille afro-asiatique, langue du groupe méridional de la branche sémitique, distincte de celles, voisines, des branches couchitique et omotique.

Gourmoukhi : alphabet du pendjabi, langue propre au sikhs, issue de la « bouche du gourou » Nanak. Voir *Hindoustani* et *Pendjabi*.

Guèze : langue classique et liturgique de la branche éthiopienne des langues sémitiques, ancêtre de l'amhara et du tigrinya.

Hinayana : bouddhisme dit du « petit véhicule », dénommé aussi *theravada*, « doctrine des anciens », propre au Sri Lanka et à l'Asie du Sud-Est. Proche de sa forme indienne originelle, il repose principalement sur la dévotion individuelle.

Hindi : seconde forme écrite de l'hindoustani, utilisant, comme le sanskrit, les caractères nagari. C'est, depuis l'indépendance, la langue fédérale de l'Union indienne, enrichie constamment de nombreux emprunts au sanskrit, propre à toute la partie nord et centrale du pays, avec 40 % de la population.

Hindouisme ou *sanatana-dharma*, « loi éternelle » : religion implantée en Inde, par l'invasion aryenne, au IIe millénaire avant notre ère, et comportant de multiples formes découlant des textes sanskrits, d'abord védiques, oraux, puis, à partir du Ve siècle avant notre ère, écrits en langue classique, les uns et les autres diffusés par la caste supérieure des brahmanes. L'hindouisme, foncièrement polythéiste, a de très nombreuses formes dont les principales sont centrées sur chaque dieu de la trinité hindoue : Brahma le créateur, Shiva le destructeur et Vishnou le conservateur, comme sur leurs épouses ou parents, leurs réincarnations ou avatars (« descentes ») et les forces diverses.

Hindoustani : langue autochtone la plus répandue oralement dans le sous-continent indien et ayant trois formes écrites : l'ourdou en alphabet arabe, l'hindi en caractères sanskrits et le pendjabi en écriture sikhe (le gourmoukhi).

Indo-aryen : branche orientale des langues indo-européennes, installée en Inde du Nord et au Sri Lanka.

Indo-européen : propre à la famille de langues dominantes, de l'Europe à l'Inde du Nord, et incluant, en Asie, les branches iranienne et indo-aryenne.

Indo-pacifique : ensemble de peuples parlant des langues apparentées en trois groupes très distants : celui des îles Andaman en Inde, des Papous en Nouvelle-Guinée et des anciens indigènes de la Tasmanie (sans que ces langues aient un lien quelconque avec celles des Aborigènes australiens, complètement isolés aussi bien culturellement que physiquement).

Iranien : propre à la branche indo-européenne des peuples vivant entre la Mésopotamie et l'Inde, incluant surtout Kurdes, Persans, Tadjiks, Pachtouns, Pamiriens et les anciens Scythes d'Asie centrale.

Ismaéliens : voir *Chiisme*.

Jaïnisme : religion indienne, fondée par Mahavira, le « grand héros », dit aussi Jina, le « victorieux », au VIe siècle avant notre ère, et prescrivant notamment la non-violence, ou *ahimsa*. Les jaïns ne sont que quelques millions en Inde.

Khoisan : famille des langues africaines, dites « à clics », c'est-à-dire à claquements secs, propres aux peuples refoulés vers les déserts du Kalahari et désignés comme Bochimans (Bushmen) et Hottentots. Incluerait aussi, en Tanzanie, les ethnies sandawe et hatsa, aux parlers présentant certaines analogies avec ce système.

Lamaïsme : bouddhisme de type mahayana, dit aussi tantrisme, devenu dominant, à partir du VIIIe siècle, au Tibet et en Mongolie, et desservi par un clergé hiérarchisé de moines dits *lamas*, dont le représentant supérieur est, depuis le XVIe siècle, le dalaï-lama, le *lama* universel.

Mahayana : bouddhisme dit du « grand véhicule », propre à la Chine, chargé d'une multitude de figures divines et reposant sur un clergé desservant des cultes dans des temples.

Maronites : chrétiens du Liban membres de l'Église catholique orientale se réclamant de saint Maron, ermite du IVe siècle dont les disciples, dès le siècle suivant, devinrent majoritaires dans le mont Liban et sont organisés en Église catholique orientale, fondée au VIIe siècle par Jean Maron, patriarche d'Antioche.

Mazdéisme ou zoroastrisme : religion apparue au VIIe siècle avant notre ère, chez les Mèdes d'Iran, avec le prophète Zoroastre, ou Zarathoustra. Son dualisme y oppose Ahura-Mazdâ, ou Ormazd, le seigneur omniscient, à Ahriman, le génie des ténèbres, parmi de nombreuses autres divinités. Religion ayant dominé la Perse jusqu'à l'arrivée de l'islam qui, au VIIIe siècle, réduisit ses adeptes à quelques milliers de « guèbres », ou « infidèles », plus quelques milliers d'autres, réfugiés en Inde qui y seront les « parsis » ou Persans.

Miao-Yao : ensemble de peuples de la Chine du Sud, comprenant essentiellement les Miao ou Hmong et les Yao ou Mien.

Môn-khmer : branche nord des peuples austro-asiatiques, incluant, en son centre, les Khmers du Cambodge ; au nord, le groupe khmer montagnard ou banhar du centre de l'Indochine ; à l'ouest, les Môn de la côte birmane et les Khasi d'Inde ; et, à l'est, le groupe des Vietnamiens et des Muong.

Munda : branche occidentale des peuples austro-asiatiques ayant migré jusqu'au centre de l'Inde.

Na-déné : famille de peuples amérindiens aux langues apparentées à d'anciens parlers asiatiques, comprenant le tlingit et l'haïda sur la côte Pacifique, et le groupe athabascan, s'étendant sur l'intérieur de l'Ouest canadien jusqu'aux États-Unis, avec le navaho et l'apache.

Nagari ou devanagari (« citadin » ou « citadin divin ») : principal alphabet indien utilisé notamment pour écrire le sanskrit et l'hindi.

Niger-Congo ou Niger-Kordofan : de la famille linguistique étendue sur la majorité de l'Afrique noire. Elle compte, au Soudan, la branche kordofanienne avec le nubien, en Afrique occidentale, les branches soudaniques occidentales (soit ouest-atlantique, mandé, voltaïque et adamaoua) et, vers l'est, la branche Bénoué-Congo comprenant les langues bantoïdes, des plateaux nigérians et les langues bantoues s'étendant jusqu'à l'Afrique du Sud.

Nilo-saharien : d'une famille linguistique africaine intermédiaire entre les familles afro-asiatique et Niger-Congo, et incluant les langues des peuples songhaï du Niger, toubou du Sahara, maban du Tchad, forien du Darfour et koman du Sud-Soudan, plus les langues du groupe Chari-Nil : soudaniques centrales et orientales, du Nigeria au Tchad, et nilotiques, ou nilo-hamitiques, du Soudan à la Tanzanie.

Omotique : petite branche méridionale des langues afro-asiatiques incluant des langues du sud-ouest de l'Éthiopie.

Ouralien : propre à la famille de peuples répartis de part et d'autre des monts Oural, répartis en six groupes : à l'ouest, les groupes permien, lapon, finnois, volgaïque et hongrois et, au nord et à l'est, le groupe samoyède des Nenets, Nganassans, Enets, Mansis, Khantys et Selkoups. Famille liée à la famille altaïque dans la macro-famille ouralo-altaïque.

Ouralo-altaïque : ensemble des peuples parlant des langues ouraliennes et altaïques.

Ourdou : la plus ancienne forme écrite de l'hindoustani, langue de la « horde » des Grands Moghols pendant plusieurs siècles, utilisant l'alphabet arabo-persan, avec des emprunts lexicaux au persan. L'ourdou est encore usuel au XXe siècle dans le centre et le nord du sous-continent et est langue officielle du Pakistan.

Paléoasiate, paléosibérien ou hyperboréen : relatif aux peuples isolés de Sibérie, formant d'ouest en est quatre groupes linguistiques: le iénisséïen, des Kets et des Tchouvantses de l'Ienisseï ; le youkaguir de la Kolyma ; le tchouktche-kamtchatkayen des Itelmènes ou Kamtchadals, Koriaks et Tchouktches ; et le groupe eskimo-aléoute des Gilyaks ou Nivkhs de Sakhaline, des Aléoutes, des Inuits et des Yu'pit. On pourrait peut-être apparenter ces groupes aux Aïnous du Japon.

Parsis : en Inde, « Persans » descendant des mazdéens chassés de Perse par l'Islam au VIIIe siècle.

Pendjabi : troisième forme écrite de l'hindoustani, propre à la région du Pendjab, utilisée par les sikhs, qui ont écrit dans leur alphabet gourmoukhi tous leurs textes religieux et profanes.

Sémitique : branche orientale des langues afro-asiatiques ayant inclus la majorité des langues de la Mésopotamie à l'Arabie. Langues des peuples de la famille afro-asiatique, propres au Moyen-Orient, depuis l'akkadien, le phénicien, le punique, l'hébreu, l'araméen jusqu'à l'arabe et aux langues éthiopiennes.

Shintoïsme : religion nationale du Japon, incluant le culte impérial et fondée sur le Shinto, la « voie des dieux ».

Sikhisme : religion indienne, fondée au XVe siècle par le gourou Nanak, visant à une synthèse entre islam et hindouisme. Monothéistes, les sikhs portent, en général, le nom de Singh (Lion). Ils vivent surtout au Pendjab, et les hommes, ne pouvant ni se raser ni couper leurs cheveux, se coiffent d'un turban.

Sin-jiao : les « trois voies » religieuses de la Chine qui cohabitent depuis des millénaires : taoïsme, confucianisme et bouddhisme mahayana.

Sino-tibétain : lié à la grande famille des peuples d'Extrême-Orient parlant les langues chinoises, miao-yao, thaïes et tibéto-birmanes.

Sunnisme : forme prépondérante de l'islam, invoquant la sunna, ou « tradition » définie par les hadith ou « paroles » attribuées à Mahomet, hors du Coran. La collectivité sunnite ne reconnaissait dans ses califes que des chefs temporels.

Tantrisme : idéologie issue des *tantras*, ou « règles », édictées à divers stades de l'hindouisme comme du yoga, et qui, finalement, fixèrent le bouddhisme lamaïste.

Taoïsme : une des « trois voies » religieuses de la Chine, orientée sur le *tao*, ou « raison suprême », selon les écrits de Lao-tseu, au VIe siècle avant notre ère.

Tchadique : branche ultraméridionale des langues afro-asiatiques incluant des langues parlées du Nigeria au Tchad.

Thaï ou Daïque ou Zuang-thaï ou Kam-tai ou Zhuang-dong : ensemble de peuples originaires de la Chine du Sud, comprenant le groupe des Dong (ou Tong ou Kam), des Shui ou Sui, et des Li, et le groupe thaï-zhuang incluant les Zhuang (ou Jui ou Pu-yi) du Guangxi et les nombreux peuples thaïs s'étant diffusés dans le Sud-Est asiatique.

Theravada : « doctrine des anciens », autre nom du bouddhisme Hinayana.

Toungouse ou toungouse-mandchou : relatif à un groupe de peuples parlant des langues altaïques centrales, divisé en deux sous-groupes. Le septentrional, en Sibérie, rassemble les Evenks ou Toungouses proprement dits, et les Evens de la Kolyma, tandis que le méridional réunit les Oudegues, les Orotches, les Nanaï et les Oultches du bas Amour, les Oroks de Sakhaline et surtout les Mandchous.

Turco-tatar ou turc : relatif à l'ensemble des langues altaïques occidentales, divisées en cinq branches : la septentrionale, commune aux peuples sibériens, notamment les Dolganes, Yakoutes ou Sakha, Touviniens, Altaïens et Kirghiz ; l'orientale avec les Ouïgours et Ouzbeks ; la centrale avec Kazakhs, Karakalpaks et Nogay ; la méridionale avec Turkmènes, Azéris, Turcs Ottomans, Gagaouzes et Tatars de Crimée ; et l'occidentale avec les Karaïmes, les Karatchaïs-Balkars, les Koumyks, les Bachkirs et les Tatars, disséminés de Kazan à la Sibérie. Plus les Tchouvaches, à l'ouest de Kazan, issus d'un ancien groupe « bulgare ».

Wahhabisme : forme rigoriste du sunnisme, enseignée au XVIIIe siècle par Mohamed ibn Abd al-Wahhab, dont les adeptes préfèrent se désigner comme salafites, c'est-à-dire pratiquant la doctrine venant des ancêtres (*salaf*), compagnons de Mahomet.

Zoroastrisme: voir *Mazdéisme*.

BIBLIOGRAPHIE

BEN, *L'Ethnisme de A à Z. Pour un nouvel ordre mondial*, Z'Éditions, Nice, 1991.

BRETON R., *Les Ethnies*, PUF, Paris, 1981.

BRETON R., *L'Ethnopolitique*, PUF, Paris, 1995.

BRETON R., *Peuples et États. L'impossible équation ?*, Flammarion, Paris, 1998, Le mot et le reste, Marseille, 2006.

BROUK S. & V. S. Apentchenko, *Atlas Narodov Mira (Atlas des peuples du monde)*, Académie des sciences, Moscou, 1964.

BROUK S., *La Population du monde, aperçu ethno-démographique*, Éditions du Progrès, Moscou, 1983.

CARATINI R., *La Force des faibles. Encyclopédie mondiale des minorités*, Larousse, Paris, 1986.

GEORGES Pierre, *Géopolitique des minorités*, PUF, coll. « Que sais-je ? », 1984.

GRIMES Barbara F., *Ethnologue. Languages of the World*, S.I.L.L., Dallas, 15e éd., 2005.

GROUPEMENT POUR LE DROIT DES MINORITÉS, *Le Droit international des peuples autochtones : un système en émergence*, GDM, Paris, 2002.

GUNNEMARK E. V., *Countries, Peoples and their Languages. The Geolinguistic Handbook*, Geolingua, Göteborg, 1992.

KLOSS H., *Grundfragen der Ethnopolitik im 20. Jahrhundert. Die Sprachgemeinschaften zwische Recht und Gewalt*, Vienne-Stuttgart-Bad Godenberg, Ethnos, 1969.

MINORITY RIGHTS GROUP, *The World Directory of Minorities*, M. R. G., Londres, 1990.

PLASSERAUD Y. (dir.), *Atlas des minorités en Europe*, Autrement, Paris, 2005.

PLASSERAUD Y., *L'Identité*, Montchrestien, Paris, 2000.

POUTIGNAT P. & Streiff-Fenart J.,*Théories de l'ethnicité*, suivi de BARTH F., *Les Groupes ethniques et leurs frontières*, PUF, Paris, 1995.

RENAN Ernest, *Qu'est-ce qu'une nation ?*, Le mot et le reste, Marseille, 2007.

RICHARD G. (dir.), *L'Histoire inhumaine. Massacres et génocides des origines à nos jours*, Armand Colin, Paris, 1992.

ROULAND N. (dir.), *Droit des minorités et des peuples autochtones*, PUF, Paris, 1996.

SCHULTE-TENCKHOFF I., *La Question des peuples autochtones*, Bruylant, Paris, 1997.

SELLIER A. & J., *Atlas des peuples d'Afrique*, L'Harmattan, Paris, 2003.

SELLIER A. & J., *Atlas des peuples d'Amérique*, L'Harmattan, Paris, 2006.

SELLIER A. & J., *Atlas des peuples d'Asie méridionale et orientale*, L'Harmattan, Paris, 2001.

SELLIER A. & J., *Atlas des peuples d'Orient : Moyen-Orient, Caucase, Asie centrale*, L'Harmattan, Paris, 2002.

TERNON Y., *L'État criminel, les génocides au XXe siècle*, Seuil, Paris, 1995.

VEITER T., *Nationlitäten Konflikt und Volksgruppenrecht im 20. Jahrhundert*, Munich, International Institüt für Nationalitätenrecht und Regionalismus, 1977.

YACOUB J., *Les Minorités dans le monde*, Desclée de Brouwer, Paris, 1998.

YACOUB J., *Les Minorités. Quelle protection ?*, Desclée de Brouwer, Paris, 1995.

LES CODES ISO

SOURCES DES CITATIONS

8-9 Déclaration des droits des peuples autochtones, ONU, art. 3, 13 septembre 2007.

12-13 Phan Boi Chau, XIXe siècle.
Cité par J. Bouillon, *Le XIXe siècle et ses racines*, « Histoire seconde », Bordas, 1981, p. 357

16-17 Ashoka, premier empereur indien (IIIe siècle avant notre ère).
Cité par Barry K. Beyer *et al.*, *The Eastern Hemisphere*, Macmillan-McGraw Hill, 1991, p. 438.

18-19 Déclaration universelle des droits de l'homme, art. 2, 1948.

34-35 Mustafa Kemal Atatürk, fondateur et premier président de la République turque, *Manuel d'instruction civique*, 1930.

38 39 Charte du parti Baath (Résurrection), art. 7, 1947.

44 45 Constitution de la République fédérale démocratique d'Éthiopie, 1994, art. 39 : Droits des nations, nationalités et peuples

52-53 Constitution de la République de Maurice, art. 49, 1992

Constitution de la République des Seychelles, art. 4 (1), 1993

54-55 Motion présentée par le premier ministre du Québec à l'Assemblée nationale du Québec, 28 novembre 2006.

56-57 Déclaration du président Nixon, 8 juillet 1970.

58-59 Loi générale sur les droits linguistiques des peuples indigènes, art. 4, Mexique, 2002.

68-69 Traité de Waitangi, Nouvelle-Zélande, art. 2, 1840.

70-71 Loi organique 2004-192 du 27 février 2004 portant statut d'autonomie de la Polynésie française, art. 57.

AE Émirats arabes unis
AF Afghanistan
AG Antigua-et-Barbuda
AI Anguilla
AN Antilles néerlandaises
AO Angola
AR Argentine
AS Samoa américaines
AU Australie
AW Aruba
BA Barbade
BD Bangladesh
BF Burkina Faso
BH Bahreïn
BI Burundi
BJ Bénin
BM Bermudes
BN Brunei
BO Bolivie
BR Bahamas
BT Bhoutan
BW Botswana
BZ Belize
CA Canada
CC Îles Cocos (Keeling)
CD République démocratique du Congo
CF Centrafrique
CG Congo-Brazzaville
CI Côte d'Ivoire
CK Îles Cook
CL Chili
CM Cameroun
CN Chine
CO Colombie
CR Costa Rica
CU Cuba
CV Cap-Vert
CX Île Christmas
DJ Djibouti
DM Dominique
DO République dominicaine
DZ Algérie
EC Équateur
EG Égypte
EH Sahara occidental
ER Érythrée
ES Espagne
ET Éthiopie
FJ Fidji
FK Îles Falkland
FM États fédérés de Micronésie
GA Gabon
GD Grenade
GF Guyane française
GH Ghana
GL Groenland (Kalaallit Nunaat)
GM Gambie
GN Guinée
GP Guadeloupe
GQ Guinée Equatoriale
GT Guatemala
GU Guam
GW Guinée-Bissau
GY Guyana
HI Hawaï
HK Hong Kong
HN Honduras
HT Haïti
ID Indonésie
IL Israël
IN Inde
IO Îles Chagos (Ter. brit. de l'océan Indien)
IQ Irak
IR Iran
JM Jamaïque
JO Jordanie
JP Japon
KE Kenya
KG Kirghizstan
KH Cambodge
KI Kiribati
KM Comores
KN Saint-Kitts-et-Nevis
KP Corée du Nord
KR Corée du Sud
KW Koweït
KY Îles Cayman
KZ Kazakhstan
LA Laos
LB Liban
LC Sainte-Lucie
LK Sri Lanka
LR Liberia
LS Lesotho
LY Libye
MA Maroc
MG Madagascar
MH Îles Marshall
ML Mali
MM Birmanie
MN Mongolie
MO Macao
MP Îles Mariannes du Nord
MQ Martinique
MR Mauritanie
MS Montserrat
MU Maurice
MV Maldives
MW Malawi
MX Mexique
MY Malaisie
MZ Mozambique
NA Namibie
NC Nouvelle-Calédonie
NE Niger
NF Îles Norfolk
NG Nigeria
NI Nicaragua
NL Pays-Bas
NP Népal
NR Nauru
NU Niue
NZ Nouvelle-Zélande
OM Oman
PA Panamá
PE Pérou
PF Polynésie française
PG Papouasie-Nouvelle-Guinée
PH Philippines
PK Pakistan
PM Saint-Pierre-et-Miquelon
PN Îles Pitcairn
PR Porto Rico
PS Palestine
PW Palau
PY Paraguay
QA Qatar
RA Rwanda
RE Réunion
RU Russie
SA Arabie saoudite
SH Sainte-Hélène
SO Îles Salomon
SC Seychelles
SD Soudan
SG Singapour
SL Sierra Leone
SN Sénégal
SO Somalie
SR Surinam
ST São Tomé et Príncipe
SV Salvador
SY Syrie
SZ Swaziland
TC Îles Turks et Caicos
TD Tchad
TG Togo
TH Thaïlande
TJ Tadjikistan
TK Tokelau
TL Timor-Oriental
TM Turkménistan
TN Tunisie
TO Tonga
TR Turquie
TT Trinité-et-Tobago
TV Tuvalu
TW Taïwan
TZ Tanzanie
UG Ouganda
US États-Unis
UY Uruguay
UZ Ouzbékistan
VC Saint-Vincent et les Grenadines
VE Venezuela
VG Îles Vierges britanniques
VI Îles Vierges américaines
VN Viêt nam
VU Vanuatu
WF Wallis-et-Futuna
WS Samoa
YE Yémen
YT Mayotte
ZA Afrique du Sud
ZM Zambie
ZW Zimbabwe

INDEX DES PEUPLES ET MINORITÉS